朝日新書
Asahi Shinsho 1000

西洋近代の罪

自由・平等・民主主義はこのまま敗北するのか

大澤真幸

朝日新聞出版

まえがき

本書は、「この世界の問い方」というタイトルで、朝日新聞出版の月刊誌『一冊の本』に連載してきた時事的な評論をまとめたものである。本書に収められているのは、この連載の２０２２年12月以降の文章だ。

この連載自体は、それより前の２０２０年に始められた。２０２２年12月より前の連載分は、前著『この世界の問い方』（朝日新書）にまとめ、発表した（２０２２年11月）。前著に収録した評論は、コロナ禍の中で書かれ、そしてアメリカ大統領選挙（２０２０年）の後の混乱や、ロシアによるウクライナへの突然の軍事侵攻によって始まった戦争を目撃しつつ、それらの出来事について考察している。私は、前著の「まえがき」でこう述べた。私たちは、大きな転換を――トータルな破局に向かっているようにさえ感じられる無秩序や混乱へと向かう転換を――経験していることは確かだが、この転換は、それを規定している原理や法則がさっぱり見えないという点に特徴がある、と。

前著発表の後に、中東ではガザ戦争が始まった。アメリカでは、トランプが――2016年より前だったらこれほど「大統領」のイメージに背馳《はいち》している者はいないと本人以外のすべての人が思ったに違いない人物が――二度目の大統領職に就き、彼のような人物が世界のリーダーとなることに、何らかの歴史的な必然性があることが明らかになった。ウクライナ戦争も終わっていない。つまり、「それを規定している原理や法則が定かならぬ転換」は、まだ続いている。

それゆえ、本書に収録した時事的な評論を通じて、私は、二つの作業を同時に進めようとしている。個々の出来事を解釈しつつ、そのことを通じて、解釈の前提になるような理論を構築すること、これである。そのためには、眼前の進行中の出来事を、少なくとも世紀単位の大きな歴史的なコンテクストの中で解釈しなくてはならない。

しかし、大まかな歴史の流れの中に置くことで、個々の出来事のアクチュアリティを消し去ってもいけない。つまりいまの私たちを当惑させたり、驚かせたり、悲嘆にくれさせたり、失望させたりしている出来事の細部を見失ってはならない。というより、出来事のアクチュアルな細部に執着することと、世紀単位の歴史的なコンテクストを視野に収めることとは、矛盾しない。私たちが、出来事のある側面に衝撃を受けるのは、そこに、世紀単位の歴史を視野におかなくては理解できない何かが露出しているからである。

＊

というわけで、本書の第1部では、資本主義と民主主義の関係について論じている。経済における資本主義と政治における民主主義の間には、高い親和性がある、と長い間信じられてきた。冷戦が終わったとき、私たちは、このことが証明された、と思った。が、21世紀の現在の政治的・経済的な状況は、資本主義と民主主義は車の両輪のようなものだという確信を打ち砕きつつある。とすれば、どのように考えればよいのか、資本主義や民主主義を、そして両者の関係をどう理解したらよいのか。これが第1部の主題である。

「西洋近代の罪」という本書のタイトルにより強く結びついているのは、第2部に収めた論考である。ガザ戦争が複雑なのは、ここに、西洋近代の二つの罪が重なって現れているからである。二つの罪とは、植民地主義と（20世紀のナチズムの反ユダヤ主義において頂点に達した）人種主義である。どちらも、西洋という文化的なコンテクストに固有の罪である。

また、トランプ大統領の登場ということの思想的・イデオロギー的な意味を、啓蒙主義の時代以降の西洋の近代史の中で解釈したとき、私たちは、西洋が自らを否定しようとしていることに気づく。ヨーロッパは、「アメリカ」というかたちで、自分自身を外化し、純化した。西洋は、その「アメリカ」を媒介にして、自分で自分の尾を呑み込む蛇（ウロボロス）のごとく自分自身の達成を消し去ろうとしている。このように考えたとき、アメリカにおけるトランプ大統領の出現とプーチン大統領のロシアによるウクライナ（というよりヨーロッパ）への侵攻とが同時代の出来事であることに、必然性があることもわかってくる。

*

「西洋の罪」を念頭において、日本の近現代史を見直せば、日本が、あるいは日本人がいまなすべきことが何であるかが、おのずと明らかになる。私は本書の中で、日本（人）がなすべきことに関して、基本的な方針のようなものを提案している。

今年は、戦後80年目の年であり、昭和で数えるとちょうど100年にあたる。明治維新からは150年以上が過ぎた。また、一部のオタクたちが引き起こした幻想的で短絡的なテロ、すなわちオウム真理教による地下鉄サリン事件があった1995年からは、今年でちょうど30年になる。これらいくつもの近現代史の流れの交錯を、「西洋の罪」を視野に入れて捉え直すとどうなるのか。そこから、自然と日本（人）がいまなすべきことの基本の方向性が見えてくる。

その基本的な方針なるものが何であるかは、まえがきでは書けないが、留意すべきことをあらかじめ述べておく。基本となる方針から直接的には、日々の、あるいは状況ごとの政治的・外交的な決定を導出することはできない。個々の政治的・外交的な決定は、状況の偶発的な変化を考慮しながら、現場で柔軟にくだすべきことであって、本書のような性格の論考は、こうしたことについての具体的な主張には向いていない。が、しかし、臨機応変の柔軟な決定は、「我々」がどこに向かおうとしているのか、という方針を常に念頭において導き出されなくてはならない。さもないと、その場では巧みな暫定的な措置が、そのまま永続的な決定として固定されてしまい、臨機応変の柔軟性をむしろ裏切ることになるだろう。

　私が本文で述べる、日本（人）としてなすべきことに関して、ここで——このまえがきで——書いてしまえば、たいていの人は、それは夢のようなことであって、不可能だ、と思うことだろう。「夢のようなこと」だという点では、私もそう思うが、それは決して不可能なことではない。いやそれどころか、「我々」の近現代史を解析してみれば、「我々」には、それを実行せずにはいられないという内的な衝動のようなものが、秘められた魂のようなかたちで宿っている。私としては、本書でこのことを何とか証明しようと試みたつもりである。

　私は、その「夢のようなこと」が最も正しいことだからやるべきだと主張しているわけではない。私の力点は、規範的な主張よりも、日本の近現代史から読み取ることができる事実認識の方にある。「我々」の中には、それをどうしてもなさねばならない、という衝動が宿っているのだ。実のところほとんど消えかかっている炎のようなものとして、ではある。だが、いかに小さく、消えかかっているとしても、炎は炎である。それを抑圧すると重い代償を支払わなくてはならなくなる。いや、日本の戦後は、その代償を払い続ける歴史だったのであり、もしいま、それを本気で実行するために行動し始めなければ、日本人は今後も永遠に、世代を超えて代償を払い続けることになるだろう。

　しかし、確かに、それは「夢のようなこと」ではある。リアリズムの観点からは、簡単に現実になるとは思えない。学者として、確実に的中しそうな予測だけを書く、ということであれば、私はそんなことを書かなかっただろう。現実にはならず、私は嘲笑されることになるのかもしれない。その意味で、私は敗者になるのかもしれない。だが、たとえ現実にならなかったとしても、それを訴えて敗者になった者がいるのといないのとでは違う。敗者は幽霊となって、のちの世代にとり憑くことができるからである。本書を世に送り出すのは、幽霊になるためでもある。

*

『一冊の本』の連載に関しても、また本書の制作に関しても、編集の作業を担ってくださったのは、三宮博信さんである。三宮さんと一緒に出す本は、これで3冊目である。まだ進行中の出来事を解釈するのには、かなりの勇気が必要になる。三宮さんのポイントを的確に捉えた感想やコメントが、私を強く後押ししてくださった。三宮さんに、心よりお礼申し上げたい。

ついでに付け加えておくと、本書の直前に、私は同じ朝日新書の一冊として、『逆説の古典』を出していただいた。これは、哲学や社会科学等の古典を50冊、私の観点から紹介したもので、本書とはかなり性格を異にすると思うかもしれない。だが、『逆説の古典』の「あとがき」に、私は、現在まさに起きている新しいことが何であるかを解釈するうえで、古典の読書体験が役にたつ、という趣旨のことを書いた。本書『西洋近代の罪』を読んでいただければ、これが嘘ではないことが、わかっていただけると思う。

2025年3月11日

大澤真幸

西洋近代の罪・目次

第2部　西洋近代の罪と向き合うとき　85

I　市民的抵抗が極端に少ない例外的な国　86

第1部

離婚の危機を迎えている民主主義と資本主義

初出
1　『一冊の本』　2022年　12月号
2　同　2023年　2月号
3　同　同　4月号
4　同　同　5月号

1　民主主義の幸せな結婚

民主主義の劣勢?

現在のこの世界において民主主義の陣営と権威主義の陣営とが対立している、とされている。これを「新冷戦」などと呼ぶ人もいるが、今ウクライナで起きている戦争も、民主主義と権威主義の対立の一部だとすると、これは冷戦というより、すでに熱戦である。

本来の冷戦が20世紀末に終わったとき、自由民主主義が勝利し、フランシス・フクヤマは「歴史が終わった」とまで主張した。この歴史観からすると、人類に残された政治的な課題は、まだ十分に民主化していない地域、いわば後れをとっている地域の民主化だけだ、ということになる。実際、21世紀の初頭までは、歴史はそのように進行しているように見えた。たとえば21世紀に入ってすぐに連続して起きた「カラー革命」と総称されている中東欧での民主化運動。あるいは2010年末から2011年にかけてアラブ諸国で起きた反政府運動「アラブの春」。これらは、歴史の終点である自由民主主義に向けての「落穂拾い」的な運動のように見えていた。
だが、これらの民主化運動は、必ずしも成功しなかった。つまり必ずしも民主的な体制をもたらさなかった。というより、ほとんどの場合、民主化運動として始まった一連の出来事は、最終的には逆に、反民主的な権威主義体制に帰結した。そして、このおよそ10年に関して言うならば、グローバルなレベルで民主化が進捗《しんちょく》しているどころか、権威主義的な体制の方が増加する傾向にある。
スウェーデンのヨーテボリ大学のＶ－Ｄｅｍ研究所は、民主主義的であることの条件を、「公正な選挙があるか」「人権が尊重されているか」「言論の自由があるか」「法の支配が貫徹しているか」等の要素に分け、それらを指標化し、総合した上で、世界各地の民主主義の度合いを計測している。それによると、２０２１年、全体として民主的と見なしうる国と地域が89であるのに対して、非民主的な国と地域は90である。つまり、非民主的な体制の方が民主的な体制よりやや多く、しかも地球の人口の70％が非民主的な体制のもとにいる。[*1]
それだけではない。一般に、典型的かつ模範的に民主的だとされている体制は、アメリカとヨーロッパ、いわゆる「西洋（西側）」に属している。だが、この10年をふりかえると、まさにその西側においてさえも、反民主的だと見なされている勢力、権威主義的な勢力、「ポピュリズム」などと呼ばれる右派の勢力が台頭してきている。その最も目立った実例、広範な影響を世界に与えた実例は、言うまでもなく、アメリカ合衆国におけるトランプ大統領の登場だった。民主的であることを加入の条件としているEUの中にも、「権威主義的」と見なされている体制が――特に東ヨーロッパで――登場してきた。ポーランドや、それ以上にハンガリー。1993年のEU発足時のメンバー――つまり西ヨーロッパ諸国――の中でも、右派ポピュリストと見なされる政治家の台頭は著しい。

したがって、20世紀の末に事実上勝利したとされた民主主義は、現在、むしろ劣勢にある。民主主義は、勝利どころか、むしろ危機を迎えている……とさえ言える。どうしてこんなことになっているのか。

*

21世紀における、さまざまなタイプの権威主義の台頭。これは、世紀単位の社会変動のコンテクストに置けば、非常に逆説的な現象である。近代化――いわゆる「啓蒙思想」の浸透を中核に置く近代化――とは、基本的には、伝統的な意味での支配が不可能になるプロセスだからである。「伝統的な意味での支配」とは、無条件の権威を前提にした支配のことだ。王がまさに王であることによって、父がただ父であるという理由によって正統に支配することが困難になる。それが啓蒙化をともなう近代化の基本的な趨勢《すうせい》である。

基底にある社会変動は、伝統的な権威の衰退である。その中にあって、現在、さまざまなタイプの権威主義が現れている。フロイトの表現を用いれば、これは「抑圧されたものの回帰」のように見える。しかし、このような言い方はミスリーディングであろう。かつてあったのと同じタイプの権威が単純に回帰してきているわけではないからだ。[*2]今日の権威主義の多様な出現は、「近代化にともなう——あるいはポスト近代化《モダン》にともなう——（伝統的な）権威の衰退」に対するひとつの反応として解釈しなくてはならない。

要するに、権威の衰退の過程は、直線的な一本道ではない。だが、どうして屈折するのか。どうして権威が衰退しているまさにそのときに、権威主義がときに台頭するのか。この問題には、20世紀の前半以来、何人かの社会学者や社会思想家がとりくんできた。その代表は、もちろん、マックス・ホルクハイマーとテオドール・アドルノの『啓蒙の弁証法』である。とはいえ、近代化の過程における権威主義の逆説的な繁栄に、十分に明解な説明が与えられてきたとは言えない。

ここでも、この問題の逆説性を銘記するにとどめておこう。さまざまな権威主義が現代社会において出現するのはどうしてなのか、その点についての積極的な説明は、別の機会に試みよう。ここでは、それ以前の問題として、なぜ民主主義が優越性を保つことができないのか、どうして民主主義はむしろ衰えつつあるのか、について基本的なことだけを考えておこう。

民主主義の二つの定義

長い間、政治における民主主義と経済における資本主義との間には車の両輪のような関係があると、信じられてきた。資本主義と親和的な政治制度、資本主義の成功を保証する政治制度は自由民主主義のみであると考えられてきたのだ。どうして、資本主義と民主主義とが高い親和性があると思われてきたのか。

これに答えるためには、民主主義とは何であるのか、その基本から見直しておく必要がある。今日、「民主主義」は二つのことを意味している。第一に、民主主義democracyの本来の意味は、「人民demosの支配（力）cracy」である。第二に、民主主義とは、選挙という方法による諸個人の意思の集計メカニズムに対する信頼である。この二つは同じことである、と考えられてきた。しかし、ほんとうはそうではない。宇野重規が述べているように、第一の意味は、民主主義一般の定義だが、第二の意味は、近代民主主義にだけ固有のものである。つまり、前者の定義は、古代ギリシアのポリスの民主主義に対しても成り立つが、後者の定義は、近代民主主義にしかあてはまらない。[*3]

しかし、民主主義についてのこれら二つの定義は、同じことの二つの表現であるかのように扱われてきた。二つの定義が合致するという前提を維持するためには、最終的には、一種の信仰が必要になる。選挙の結果には、究極的には、「くじ引き」的な要素が、つまり偶然性があるからだ。選挙の結果は、私たちの意思を反映しているわけではなく、「たまたまそうなってしまった」というくじ引き的なところがある。このことは、いくつもの選挙を経験したり見たりしてきた私たちの実感でもあるし、また厳密に論理的に証明することもできる。

「論理的な証明」とは、経済学者のケネス・アローの「一般不可能性定理」のことを指している。多数の個人の意思の集計結果が「人民の意思」の反映であるためには、その集計結果は、少なくとも四つの条件を満たさなくてはならない。つまり、アローは、「選挙結果＝人民の意思」という等式が成り立つための四つの必要条件をまず特定した。四つの条件は、以下の通り。①選好《せんこう》（preference）の無制約性、②全員一致の優先、③無関係選択対象からの独立性、④非独裁制。[*4]アローが数学的に証明してみせたことは、（選好の対象として三つ以上の選択肢があるような場合には）これら四つの条件をすべて満たす意思＝選好の集計メカニズムは存在しない、ということである。

にもかかわらず、選挙の結果が民主的であると見なされてきたのはどうしてなのか。それは、選挙の結果が「人民の意思」なるものを正確に反映しているという事実認識があったからではない。逆である。半ばくじ引きのように決まってしまう選挙の結果が人民の意思の表現であると見なされたのである。この認定は、究極的には根拠がない信仰のようなものである。

今日揺らいでいるのは、近代的な民主主義を支えていたこの信仰である。たとえば、トランプの、自身が敗れた2020年大統領選挙についての主張、すなわち「選挙は盗まれた」という主張は、この信仰の「揺らぎ」の最も極端な表現である。これを、その20年前のアメリカ大統領選挙のケースと比較してみるとよい。この選挙において、フロリダ州の票の集計に疑いがあったが、民主党の候補アル・ゴアは、最終的には敗北を認めた。選挙の結果が確定してしまった以上は、それが「人民の意思」だからである。

今日、民主主義を支えていたこの基本的な信仰が動揺しているわけだが、そもそもこの「信仰」がどのように維持されていたのか、その内実をもう少し見ておこう。そうすると、民主主義と資本主義との間に緊密な結びつきがあったのはどうしてなのか、その理由が明らかになるからである。

近代民主主義のための「超越論的な条件」

近代的な民主主義のもとでは、議会は、政党political partyを媒介にして、人民の意思を代表する。宇野重規が述べているように、古代の民主主義（ギリシア）と近代の民主主義を隔てる最も重要なポイントのひとつは、政党の存在の承認にある。古代の民主主義にとっては、党派《スタシス》は最大の脅威であった。なぜか。Party（党）とは、部分（part）のことだからである。もし政治家が、部分の利益のために行動したら、「全体」のための政治は成り立たない。それゆえ、党派を作ることはよくないことで、民主主義（人民の支配）を損なうことだと考えられていたのだ。すると、今度は逆のことが疑問になる。どうして、近代の民主主義においては、政党（部分）の存在が公然と認められているのか。いや、それどころか、政党が不可欠な要素となったのはどうしてなのか。

それは、個々の政党の明示的な主張の前に、政党間を横断する暗黙の合意、〈原合意〉とも見なすべき基本的な合意が存在しているからである。このことは、再び選挙のことを考えると明らかになる。どうして人々は、選挙の結果に従うのだろうか。選挙の結果は、多くの人にとって、自分が欲していたこと、自分が望んでいたこととは合致しない。通常のケースであっても、選挙では、半数近くの人の意思に反する結果が出ると思わなくてはならない。それどころか、多くの選挙において、集計結果が自分の願望や選好と異なっていると思う人の方が多かったりする。しかし、それでも人々は、選挙の結果を受け入れ、それに従うのだ。どうしてだろうか。

この点については、ユヴァル・ノア・ハラリが『ホモ・デウス』で的確なことを述べている。[*5]人々が、民主的な選挙結果に縛られなくてはならないと感じるのは、彼らそれぞれが、他の投票者たちとの間に基本的なつながりがあるのを実感できているとき、そのときに限られる。もし他の投票者たちの感覚が私とはまったく異なっており、彼らが私の思いを理解しておらず、私の死活的に重要な利害に対していかなる配慮ももっていないと私が感じていたならば、私はたとえ百対一で選挙に負けたとしても、その結果に従う必要はない、と感じるだろう。ウクライナ戦争やパレスチナ紛争を、利害関係者の間の選挙によって解決することができない理由も、ここにある。

民主的な選挙が成り立つためには、投票者たちの間に、互いの基本的なつながりを実感させるような暗黙の合意、自分と敵対する者も「私のことをも配慮した上で私とは異なる意見をもっているのだ」と実感できるような基本的な合意がなくてはならない。たとえば、基本的な信念や価値観を共有している者の間でのみ、民主的な選挙は機能する。

政党＝部分（part）としての主張は、この暗黙の合意、〈原合意〉を前提にしてなされている。そのため、その「部分」の主張がそのまま――選挙で勝利した場合には――、全体に通ずるものとして妥当し、その主張とは異なる見解をもっていた者たちもまた、それを受け入れることになるのだ。先ほど、近代民主主義においては、選挙の結果を人民の意思と同一視する信仰のようなものがある、と述べた。この信仰をもたらしているのが、この暗黙の〈原合意〉である。〈原合意〉があるとき、人は、述べてきたような民主主義的な選挙への信仰をもつことができる。今日の民主主義の危機の中で失われつつあるものは、この〈原合意〉である。

ともあれ、まずは確認しておこう。複数政党制の民主主義が、社会についてのあるヴィジョンを前提にしているということを、である。そのヴィジョンとは次のようなものだ。第一に、人々は、その意見によって「部分party」に分割されている。第二に、政治とは、国家の立法装置や行政装置を制御する権力をめぐる、partyの間の競争である。第三に、その競争の最も主要なあり方は選挙である。これらの条件によって成り立つ社会ヴィジョンが、（近代の）民主主義を可能にする――哲学的な語彙を用いれば――「超越論的な条件」だということになる。

すばらしい結婚――民主主義と資本主義

さて、すると気づくことになる。民主主義を可能ならしめている社会ヴィジョンは、資本の間の競争と同じ形式をもっているということに、である。資本主義においては、選挙の代わりに、市場での売買がある。ある商品を買うことは、その商品に一票を投ずるのに等しい。十分に「得票」できなかった商品は、市場から去っていくだろう。

要するに、資本主義と民主主義とは同じ社会ヴィジョンを共有している。資本主義と民主主義との間の良好な関係の究極の根拠は、ここにある。経済における資本主義と政治における民主主義は、共軛《きょうやく》的な関係にあった。資本主義が成功し、十分な豊かさをもたらすのは、それが民主主義的な体制のもとにあったときだけである……長い間、そのように考えられてきた。民主主義と資本主義は相性のよい夫婦のようなものである。両者の結婚生活は順調だった。

＊

私たちはここまで、資本主義と民主主義との間の親和的な関係を、論理の力を用いて導いてきたわけだが、同じことは、経済史についての経験的な研究によっても確認される。ダロン・アセモグルとジェイムズ・ロビンソンによる『なぜ諸国民は失敗するのか』を、そのような研究の優れた代表と見なすことができるだろう。[*6] アセモグルたちは、どうして経済成長に成功する国とうまくいかない国があるのか、を問うている。「経済成長に成功する」ということを、「成功した資本主義」と読み替えても問題はない。

彼らは夥《おびただ》しい数の事例を検討しながら、結論を導き出している。経済的な成否を分けている要因は経済制度の違いにある、と言いたくなるところだが、そうではない。根本的な鍵は、むしろ政治制度にある。彼らは、「包摂的な政治制度」を有する国民が資本主義の上で成功する、という結論を帰納する。彼らが言う「包摂的な政治制度」は、ここで私たちが見てきたような民主主義とほぼ同じ意味である。

包摂的な政治制度は、一見トレードオフの関係にある二つの条件によって定義される。第一に、権力の配分が社会的に多元的であること。これは、政党をはじめとする、多数の部分的なグループに権力が配分されていて、互いの間の競争が認められている状態を指している。第二に――第一の条件に反するかのようだが――、政治制度は十分に中央集権化していなくてはならない。これは、十分に広範な――国民レベルの――〈原合意〉がある、ということに等しい。〈原合意〉があるとき、議会や政府の民主的な決定を、人々に強制することが可能になる。

したがって、論理の問題としてだけではなく、経験的な実証研究を通じても、資本主義と民主主義との間の親和的な関係を認めることができる。両者は、とても良好な結婚生活を送っていた。だが、この結婚生活は終わりを迎えようとしている。離婚の危機がやってきたのだ。そのことが民主主義の衰退、民主主義の劣勢と結びついている。

＊1　*Democracy Report 2022*, V-Dem Institute

＊2　たとえば、トランプという政治家は、いかに保守的・反動的に見えようとも、実際には著しくポスト近代的な指導者である。それは、オウム真理教の教祖麻原彰晃が、古代の仏教思想の独自な解釈や伝統社会の「迷信」のようなものから自身の思想を紡いでいたとしても、徹底的にポスト近代的であったのと同様である。大澤真幸『増補　虚構の時代の果て』ちくま学芸文庫、2009年。

＊3　宇野重規『民主主義とは何か』講談社現代新書、2020年。

＊4　個人の意思は、選択肢についての選好の順序というかたちをとる（「aよりもbを好む」「bよりもcを好む」等）。選挙は、諸個人ごとに異なる多様な選好から、「人民の意思」にあたる単一の選好を導くメカニズムである。四つの（必要）条件について解説しておく。①は、どのような選好をもとうが個人の自由であるということ。たとえば「共産党を好まなくてはならない」などというあらかじめの制限がない。②は、もしすべての個人が一致してaよりもbを好ましいと思っていれば、人民全体の決定としてもそれを採用しなくてはならないということ。③は、最もテクニカルな条件で、aとbどちらにするかということについての人民（集団）の判断は、別の無関係な選択肢cについての人々の選好に影響されてはならない、というもの。たとえば、原発の存否についての判断は、学費補助政策についての人々の好みから独立していなくてはならない。④は、独裁者（その人の選好がそのまま人民の選好と見なされるような特

権的な個人）が存在してはならないということ。ケネス・J・アロー『社会的選択と個人的評価』長名寛明訳、勁草書房、2013年。

＊5　ユヴァル・ノア・ハラリ『ホモ・デウス』上・下、柴田裕之訳、河出書房新社、2018年。

＊6　ダロン・アセモグル、ジェイムズ・A・ロビンソン『国家はなぜ衰退するのか』上・下、鬼澤忍訳、早川書房、2013年。

2 離婚しようとする資本主義

離婚がささやかれる

民主主義と資本主義は、まさにおしどり夫婦であった。両者の相性のよさは、論理的な観点からも裏付けられる。近代民主主義と資本主義は、同じ形式の社会ヴィジョンを共有しているのだ。また歴史的な事実を見ても、民主主義と資本主義とが親和性が高いことは確認できる。成功した資本主義、十分な経済成長をもたらした資本主義はこれまでほとんど、政治的には民主主義の体制だった――アセモグル等がいう「包摂的な政治制度」を採用してきた。以上は前節で論じたことだ。

だが、この仲睦《むつ》まじかった夫婦の間に亀裂が入り始めている。離婚することになるのではないか。そのようにも見える。仲がよかった民主主義と資本主義との関係が、離婚を覚悟しなくてはならないほどに破綻《はたん》しつつあるのだ。

このことが、前節の冒頭に指摘した事実と、すなわちこの10年間に顕著になってきた

「民主主義の劣勢と危機」と相関している。それは、次のような事実であった。第一に、現在、民主的と見なしうる国と地域よりも、非民主的で権威主義的と見なした方がよい国と地域の方がずっとたくさんあり、この10年間に関して言えば、権威主義的な体制をとっている国と地域の方が増えつつある。[*1] 第二に、アメリカやヨーロッパなどの、もともと「民主主義」の先進国と見なされていた国の民主主義が破綻しつつある。その極端な現れが、2021年1月6日にアメリカで起きた議事堂襲撃事件だ。これらの民主主義の劣勢と危機の背景には、これから示すように、民主主義と資本主義の間の夫婦関係の乱調と亀裂がある。

離婚の危機である、と述べた。しかし、両者がともに同じように離婚を望んでいるわけではない。別れ話は資本主義の方から切り出される。離婚があるとすれば、その意思はまず資本主義の方に萌《きざ》す。考えてみれば、これは当然のことである。なぜか。

前節で述べたように、資本の競争は、民主主義における政党の競争と同じ形式をもっている。だが、民主主義にとっては、国民国家が絶対的な枠組みとなる。政党は、国民国家の立法権や行政権をめぐって争っている。それに対して、資本は国民国家への忠誠心をもってはいない。資本は、特定の国民を優遇したいという内在的な欲望をもってはいないのだ。民主主義と資本主義の間のこのような非対称性が、「離婚話」が資本主義に優位なかたちで進む素地になっている。この点を念頭に置いた上で、展開を見てみよう。どのようにして離婚の危機を迎えるようになったのか、その経緯をふりかえってみよう。

商品物神・貨幣物神

「歴史の終わり」などと言われもした冷戦の終結時点からふりかえってみよう。歴史が終わった……かのような印象を与えたのは、自由民主主義の勝利が明白になったからである。では、冷戦の終結とともに、自由民主主義の体制が、一挙にグローバルに普及したかと言うと、そうはならなかった。どうしてなのか。この政治のモデルは、勝利して、はっきりとした敵もいなくなったのに、どうして勢いよく波及しなかったのか。それは、政治システムが文化的な要因に強く規定されているからである。自由民主主義の体制を構築し、維持するためには、国民の間に特定の態度や価値観が深く浸透していなくてはならない。

だが、自由民主主義の「連れ合い」——つまり夫婦関係のパートナー——であるところの資本主義は、政治システムよりはずっと簡単にグローバルに普及した。資本主義は——というより「市場経済は」と言った方が正確だが——、政治システムよりも容易に、それぞれのローカルな文化や生活様式や宗教や価値観に適応することができるからだ。市場経済は、貨幣の恐るべき力のおかげで、ほとんどあらゆる文化に自らを合わせ、浸透することができる。どのような文化的な背景をもつ者も、貨幣を受け入れるのだ。この貨幣を受け入れさせる力、したがって富の実質を商品の集積へと転換する力を、カール・マルクスは「物神《フェティッシュ》」と呼んだ。「商品物神」「貨幣物神」等と。

市場経済は、政治制度とは異なり、ローカルな文化に比較的容易に浸透していく。市場経済が普及すると、そのローカルな文化を維持していた共同体はどうなるのか。まずは、貧しかった国のＧＤＰが、急速に増大する。かといって、「発展途上国」が先進国の水準に追いつくわけではない。依然として発展途上のレベルであり、いわゆる「グローバルサウス」の一員である。

ＧＤＰというかたちで現れる数値は増大するが、それは、国内の経済格差の著しい拡大をともなう場合がほとんどである。ごく一部の富裕層と大量の貧困層を生み出すことになる。貧困層に入ってしまったからといって、人はいったん受け入れた市場経済から離脱することはできない。市場経済から離脱するともっと貧しくなり、生きていくことすらできなくなってしまうからだ。が、いずれにせよ、繰り返せば、市場経済という経済モデルを採用した国は、ＧＤＰとして測定される量に関する限りにおいては、明らかに成長する。

ロードーデールのパラドクス

ＧＤＰは大きくなるのに、貧しい者も大量に出てきて、結果的には格差が大きくなる。どうしてそうなるのか。ここには「ローダーデールのパラドクス」として知られているメカニズムが働いている。このパラドクスは、公的な富と私的な富との間の負の相関関係のことを指している。私的な富が大きくなると、公的な富はむしろ小さくなる、というのだ。ＧＤＰが大きくなるとき、その量は、「私的な富」の総計で測られている。しかしこれと相関して、実質的な「公的な富」は小さくなっているかもしれないのだ。

　このパラドクスは、２世紀以上も前から知られている。パラドクスに「ローダーデール」の名がつけられているのは、これを見出したジェイムズ・メイトランドが、ローダーデール伯だったからである。[*2] どうして、公的な富と私的な富との関係がねじれたものになるのか。メイトランドは次のように説明している。

　公的な富は、人が欲望するすべての物によって構成される。つまり公的な富は、人に役立ち、人に喜びを与えるすべての物によって定義される。公的な富は、「使用価値」の総体である。私的な富でも同じことではないか、と思うかもしれないが、そうではない。何かが私的な富になるためには、それをもっているということが、他者との関係において意味をもたなくてはならない。もっているということが有意味になるということは、それが何らかの程度において稀少な物として存在している、ということである。稀少な物は、「交換価値」をもつ。私的な富は交換価値によって測られる。

たとえば、水や地面や空気は、人間が生きる上で絶対に必要なものである。それらは、公的な富の一部を構成している。しかし、水や空気や地面が豊富にあるとき、それらを「もっている」ということは意味をもたない。水が豊富なところで暮らしていても、金持ちだと見なされない。だが、水が稀少だったら――厳密に言えば稀少だと見なされたら――どうだろうか。水に値段がつき、交換（売買）の対象となるだろう。つまり水は、交換価値をもつ物になる。このとき初めて、水をたくさん所有する「金持ち」なるものが発生する。つまり「金持ちrich／貧乏人poor」の区別が生まれる。

私的な富が大きくなると、公的な富はむしろ小さくなる理由は、以上のことから理解できる。私的な富が発生し、拡大するための前提は、「稀少性」の拡大である。つまり、それまでは、必要だが、ありあまるほどにあったものが、「足りない」ものにならなくてはいけない。たくさんあった公的な富が、少ないものへと転換する。私的な富は増えたが――そして貧富の格差が生まれたが――、それは公的な富の縮小をともなうことになる。

ここで留意すべきは、「稀少である」ということは、物の客観的な性質ではない、ということだ。その物を見る主観的な視線が、稀少性という性質をもたらしている。稀少性は、将来に対する私の憂慮が物に投射されたときに生まれる。「この物を通じて得ることができる、私の将来の欲求の充足が実現しないかもしれない――他者によって阻まれるかもしれない」という認識と相関して、その物が稀少なものとして立ち現れる。[*3] そして、このような憂慮があるとき、物は交換価値をもつ。したがって、稀少だから交換価値があるのではなく逆に、その物に交換価値を付着させたがゆえに稀少だということになるのだ。水に値段がつけば、その水は、その絶対量に関係なく稀少である。そして、水で大金持ちになる一部の人と、足りない水を何とか買わなくてはならない大量の貧乏人が生まれる。

驚くべきは、公的な富は小さくなっているのに、人は、私的な富の拡大を求めて貨幣経済を、そして市場経済を受け入れるということだ。だから、マルクスは、ここに「物神」の力を見たのである。いったん受け入れてしまえば、もはや、公的な富が豊かだった段階に戻ることは不可能になる。物がすでに広く交換価値をもってしまった段階で、それを拒否すると、公的な富が帰ってくるどころか、富そのものがまったく無になってしまうからだ。

資本主義のもとでの伝統の「強化」

さて、まず確保すべき論点は、資本主義の前提となる市場経済は、文化や生活様式の違いを超えて比較的容易に波及するということだ。これとは異なり、政治モデルとしての自由民主主義は、ローカルな文化が障壁となって簡単には普及しない、と述べた。では、市場経済が先行して浸透していったとき、そのような障壁が壊れ、自由民主主義が受け入れ可能な基盤が準備されるようになるのか。つまり、ローカルな文化の特殊性が失われ、自由民主主義に適合的な文化や態度が形成されるのか。必ずしもそのようには展開しない。自由民主主義どころか、もっと単純なことすら起きないのだ。

市場経済が浸透すると、個人主義的な快楽主義者のようなものが――伝統的な慣習や規範に縛られず個人の欲望をどこまでも充足することを目標とするような人間類型が――増大するのではないか、と推測したくなる。が、知られている多くの事実は、このようなことが起きないことを示している。つまり、伝統的な社会構造や生活様式を全面的に破壊したり、それらを拒否したりする趨勢が支配的になるわけではない。むしろ、貨幣経済や資本主義が浸透する中で、逆に伝統的な社会構造や生活様式、文化などへの忠誠心は維持され、ときに強化されさえする。たとえば中国やインドでもそうである。どうしてなのか。

それは次のような心理が働くからであると推測できる。市場は過酷な競争の世界である。今述べたように、物に対して「稀少である」との意味づけがなされていないと市場経済は成り立たないので、厳しい競争が不可避になる。競争には、多くの敗北と喪失の体験がともなう。また、勝利でさえも、他者を犠牲にしたり、蹴落《けお》としたりしたことから来る痛みを覚えずにはいられない。そうした苦難に対する報酬が、自分自身の個人的なつまらない欲望を満足させることだけであるとすれば、つまり自分が少しばかり幸福になるということだけであるとすれば、人はとうてい耐えられない。この程度の報酬のために、どうしてこんなに苦しい思いをしなければならないのか、と。

　しかし、自分にとってたいせつな他者のためだったらどうか。このとき、苦難や不幸に対する人の耐性ははるかに高くなる。その際、その人の行動に意味を与える「たいせつな他者たち」を指定してくれるものこそ、文化や伝統的価値観である。わかりやすく言えば、人は、自分のためだけであれば、厳しい賃労働には耐えられないが、老いた両親のためとか、幼い兄弟姉妹のためであればがんばることができる。ただし、このような思いをもつことができるためには、家族や親族、あるいは何らかの共同体に重い価値を配分する文化や伝統や慣習が残存し、活《い》きていなくてはならない。

　しばしば、伝統的な価値観や人間関係は、資本主義の浸透を困難ならしめる抵抗要因だと考えられてきた。しかし、必ずしもそうではない。逆に伝統的な価値観や人間関係が実感できるものとして残存しているからこそ、人は市場経済や資本主義の過酷さを受け入れ、またそれらに適応することができるのだ。中国やインドで起きていることは、そうしたことである。アフリカでも同様である。たとえば文化人類学者の小川さやかが明らかにしたことは、タンザニアのムワンザの「マチンガ」と呼ばれる行商人たちが、資本主義への適応にあたって、いかに巧みに彼らの伝統的な慣習や行動様式や人間関係を活用しているか、ということである。[*4]

資本主義の二人目の配偶者

貨幣の力、貨幣の物神性のせいで、市場経済は――政治システムとは異なり――容易に、ローカルな伝統や慣習に自らを適合させることができる、と述べた。のみならず、今し方そのメカニズムを説明したように、「発展途上国」に浸透した資本主義は、伝統的な慣習や人間関係・家族関係等を温存し、強化する傾向すらあるのだ。ということは、市場経済は、権威主義的な国家や制度にも簡単に適合する、ということを含意《がんい》する。

実際、前近代からの権威主義の伝統のある国家にも、資本主義は浸透した。とはいえ、そのような国家が、資本主義の優等生になったわけではない。それらの国家や地域の大半は、グローバルな資本主義の中に組み込まれたが、――世界システム論で言うところの――従属国であった。所得は低く、中核国（＝先進国）の搾取の対象となるのが通例である。アセモグルとロビンソンが見出した法則、すなわち包摂的な政治制度（＝自由民主主義）をもたない国は経済的に成功しないという法則が、成り立つかに見えた。

ところが、21世紀に入ってから、ひとつのタイプの権威主義的な体制が、資本主義としても成功した。「社会主義市場経済」と自称する中国である。共産党の一党独裁によって統治している中国は、一種の権威主義の体制であると見なさざるをえない。同時に、「社会主義」を名乗ってはいるが、その経済システムはまぎれもなく資本主義である。中国のGDPは早晩、アメリカを抜き世界一になるだろう。したがって、中国においては、資本主義が、民主主義ではない政治モデルと、つまり権威主義的な政治モデルと幸せな結婚生活を営み始めたように見えるのだ。

それまでは、権威主義は資本主義と結合しても、経済的にはとうてい順調とは言い難かった。つまり権威主義と一緒になった資本主義は、十分な豊かさを国民にもたらさなかった。しかし、中国は違う。資本主義と権威主義の結婚が中国において成功したからといって、これまでの数多《あまた》の実例が示しているように、どんな権威主義も資本主義の成功をもたらすというわけではないだろう。

中華帝国の伝統に由来する権威主義が、とりわけ現代的な資本主義に適合的だったのだ。つまり、権威主義と資本主義の結婚が成功するためには、双方に限定がある。中華帝国に根をもつある特定のタイプの権威主義であること。そして、現代のグローバル資本主義であること。両者がどのような意味で親和性をもったのか。この点についての私の仮説は、かつて述べたので、ここでは再論しない。[*5]

ただ、ひとつだけ事実を確認しておこう。権威主義的資本主義の成功例は、中国が最初ではない。前例があるのだ。それはシンガポールである。リー・クアンユーを頂点に置いたシンガポールだ。リー・クアンユーは、シンガポールの初代首相であり、小規模ではあるが、権威主義的資本主義が可能であることを示した。広東省に原籍をもち、儒家思想に強い共感を寄せるリーは、中華帝国の皇帝のエートスの継承者である。そして、鄧小平は、権威改革開放を唱える直前（1978年11月）、シンガポールを訪問している。鄧小平は、権威主義を維持したまま資本主義を導入することが可能だという自信を、リー・クアンユーから得たのではあるまいか。

死の床の鄧小平に関して、都市伝説的なエピソードがある。死の間際に、側近たちが鄧小平に、あなたが最も誇りとしている自らの業績は何か、と尋ねた。誰もが「改革開放」という答えを期待していたが、鄧小平自身は、一党独裁を維持したことと答えたという。鄧小平は、権威主義と資本主義との結婚のとりもちをしたわけだが、より重視していたのは前者だということになる。

離婚の恐れ

資本主義との結婚に成功したのは、中国型の権威主義だけである。このやり方は、同じような伝統、同じエートスや社会構造の伝統、つまるところ同じ「文明的定数」をもっている社会でなくては、模倣することはできない。中国共産党が、シンガポールという先達に倣《なら》うことができたのは、両者が同じ文明的定数を共有していたからである。だから、中国が資本主義との結婚に成功したからといって、他の権威主義的国家も、中国のように成功できる、というわけではない。加えて、中国は、他国をあたかも朝貢国《ちょうこうこく》のようにしたがえる覇権国家になることには熱心だが（一帯一路）、アメリカのように、自身の政治モデルを他国に輸出することには興味をもっていない。

ゆえに、中国で成功したからといって、権威主義的資本主義がその外部に勢いよく普及するわけではない。しかし、権威主義的資本主義がある程度成功したことは、民主主義の陣営にとってダメージが大きい。資本主義と幸福な結婚を営みうる政治モデルが民主主義しかないと信じられていたときには、いくら権威主義的な体制が地球上にたくさんあっても、そのことに、民主主義の陣営はさしたる脅威を覚えなかった。権威主義を維持している限りは、その国が強い経済的なパワーをもつことはありえない、と考えることができたからだ。しかし、ひとつでも権威主義的資本主義が成功しうるということを示す実例があれば、民主主義の陣営は、そんなふうに高を括《くく》っているわけにはいかない。

権威主義的体制の支配層に対しては逆に、中国の資本主義の成功は「よい知らせ」、一種の福音である。権威主義のもとでも裕福になりうるのだとすれば――それどころか権威主義のもとでの方がより大きな経済成長を期待できるのだとすれば――、リスクを冒して、民主化することはない、ということになる。権威主義的な支配者にとってはもともと、民主化は（たいてい）自らの権力の喪失という犠牲をともなうのだとすれば、どうしてわざわざ民主化を許容する必要があるというのか。今し方述べたように、実際には、ほとんどの権威主義体制は中国のようには成功しないのだが、それでも、この体制の支配層はこのように――つまり権威主義のもとでも経済的に豊かになることができるはずだと――思うはずだ。

20世紀の末期に、自由民主主義は最終的に勝利した、と確信した。が、その勝利は資本主義によって助けられていた。というより、資本主義の勝利を、自由民主主義の勝利と錯覚していたのだ。資本主義と民主主義との間のつながりに必然性があるのならば、つまり資本主義が幸せに結婚できる相手が民主主義しかいないのならば、二種類の勝利を同一視しても問題はない。しかし資本主義が権威主義と結婚しても（ときに）うまくいくということが判明した今となっては、真の勝利者は自由民主主義ではなかったことが明らかだ。

＊

民主主義の陣営が――つまりアメリカ（とその同盟者たち）が――ひそかに恐れていることがある。半ば無意識のうちに恐れていることが、である。資本主義が、民主主義の外に愛人だか配偶者だかを見つけ、そちらともうまくやっている……というまでであれば、まだましである。中国型の権威主義の方が、民主主義よりも資本主義との相性がよかったらどうするのか。資本主義は、中国型の権威主義と組んだときの方がより順調に展開し、より大きな富、より確実な経済成長をもたらすことができるのだとしたらどうするのか。かつて、社会主義体制の方が資本主義よりも大きな富をもたらすと信じられたことがあったが――ソ連のＧＤＰがアメリカのそれを抜くだろうと予想されたときがあったが――、それは誤りであった。しかし、中国の権威主義的資本主義に関しては、西側の資本主義――民主主義とセットになっている資本主義――よりも成功するかもしれない。そのような予感のようなものが、広く分けもたれている。[*6]

もし資本主義が、民主主義以上に（あるタイプの）権威主義と相性がよいのだとすれば、民主主義は、離婚を恐れなくてはならない。民主主義と権威主義との両方に二股をかける段階を超え、資本主義は民主主義と離婚し、権威主義と結婚しようとするかもしれない。西側陣営の究極の悪夢は、これである。

どうなるのか。この悪夢は実現してしまうのか。帰趨を予想するためには、資本主義や市場経済が民主主義の外でどのようであったかを見るだけでは足りない。資本主義と民主主義との関係の内部で、両者の夫婦関係の中で何が起きているのか。それを正確に見定める必要がある。

＊1　念のために述べておけば、その体制が民主的かどうかという判定は、客観的になされなくては意味がない。民主的か権威主義的かは、主観的な判断や自己申告では決められない。たとえば北朝鮮の正式名称は「朝鮮民主主義人民共和国」である。極端な権威主義的な国家でもしばしば、自分のことを民主的であると主張する。権威主義的体制が、自らを権威主義であると公式に宣言することはほとんどない。

＊2　ローダーデール伯ジェームズ・メイトランドは、フランスでは「市民メイトランド」として知られている。彼は、フランス革命のときパリに滞在しており、有名な革命指導者ジャン＝ポール・マラーの友人として革命を支援したため、この名誉ある呼称が与えられたのだ。パラドクスを定式化した*An Inquiry into the Nature and Origin of Public Wealth*（1804）は、アダム・スミスの『国富論』*An Inquiry into the Nature and Causes of the Wealth of Nations*（1776）への批判でもある。

＊3　稀少性のこのような条件については、以下を参照。ニクラス・ルーマン『社会の経済』春日淳一訳、文

眞堂、1991年。大澤真幸『経済の起原』岩波書店、2022年、第2章。

＊4　小川さやか『「その日暮らし」の人類学――もう一つの資本主義経済』光文社新書、2016年。小川さやか『チョンキンマンションのボスは知っている――アングラ経済の人類学』春秋社、2019年。

＊5　大澤真幸『この世界の問い方』朝日新書、2022年、第2章。

＊6　同書、195-198頁。

3 自由——資本主義の魅力の中心

資本主義の優位の源泉

資本主義と民主主義の結婚生活に亀裂が入っている。民主主義の方は資本主義と別れたくないようだが、資本主義は民主主義との結びつきに強くは執着していないように見える。少なくとも今は、資本主義は、二人の配偶者をもっている。民主主義の政治体制と中国型の権威主義の政治体制である。民主主義は、資本主義にとって最も魅力的なパートナーなのか。民主主義は自信を失いかけている。それほど遠くはない将来において、資本主義は、民主主義とよりは（中国のようなタイプの）権威主義との方がうまくやっていける、ということが明らかになるのではないか。いや、もう明らかになりつつあるのではないか。そんな不安が——アメリカを中心とした民主主義の陣営の側にすらも——萌している。

かつて——20世紀の中頃までは——、経済成長は、どのような政治経済的体制を採用しているかとは無関係に実現できる、と信じられていた時期があった。むしろ社会主義体制の方が、西側陣営よりも経済成長にとって有利であると思われたときがあった。1950年代には、ソビエト連邦の経済成長率は、西側陣営のどの国よりも高かったのだ。その頃、著名な経済学者ポール・サミュエルソンが、近い将来ソ連のGNPがアメリカを追い越すだろうと教科書に書いたくらいである。が、1960年代になると、リベラルなタイプの——民主主義とセットになっている——資本主義が、いわゆる社会主義の体制よりも成長には有利であることが明らかになった。

しかし、21世紀に入ってから思いもよらぬ展開になってきた。かつての社会主義体制の生き残り——とはとうてい言い難い、独特の共産党一党独裁を維持してきた中国の権威主義体制が、資本主義を我がものとし、驚異的な経済成長を遂げたのだ。最初の産業革命を別にすれば、中国のこの経済成長は、人類史上最大の経済的ブレークスルーだったと言ってもよいかもしれない。日本人は、戦後の復興や高度成長を誇っているが、中国の成長は、スケールにおいて日本の戦後の経済成長をはるかに凌駕《りょうが》している。

経済成長における現代中国のこの成功は、かつての冷戦を背景にして考えてみると、まことに驚くべきものである。というのも、それは、冷戦において対立していた二つの陣営のそれぞれから——「いいとこどり」ではなく——「悪いとこどり」しているかのように見えるからだ。資本主義の陣営からは、攻撃的な利己主義を、社会主義体制からは、硬直した官僚制をそれぞれとり、両者を合成すると、化学反応のようなことが起きて、活動的な権威主義的資本主義が生まれた……かのように見える。[*1]

＊

もともと資本主義の優位性の究極の源泉は、「自由」にある。資本主義は、人類がこれまで構築してきた社会システムの中で最も広い自由を個人に与えている。自由は、大きな満足度・幸福度を与えるとともに、倫理的にも優れていると見なされてきた。そして、この「自由」の強みを活かすことができるのは、民主主義的な政治体制のみであると考えられてきた。非民主的な体制、権威主義的体制のもとでは、資本主義の魅力の中心にある自由が失われる――制限される、と。

実際にその通りであった。このことは、たとえば、かつての冷戦がどのように終わったのか、を思い起こしてみるとよくわかる。冷戦はまさに最後まで冷戦であった。つまり冷戦は、熱戦を経ずして社会主義陣営の実質的な敗北として終結した。どうしてなのか。結局それは、東側の社会主義政権下にあった人々にとって、西側の人々が享受している自由が魅力的なものに見えていたからである。

では、同じことは、現在の中国型の権威主義的資本主義と西側の標準的な資本主義との間にも成り立つだろうか。中国の人々は、西側の資本主義のもとで花開いている「自由」

を、羨望の念をもって見ているだろうか。西側の民主主義に、中国型権威主義という新たなパートナーを得た資本主義を自分のもとに――自分だけのものとして――取り戻すだけの魅力、「自由」という名の魅力があるだろうか。

まず基本的な事実を確認するならば、中国の権威主義的資本主義のもとでは、西側の資本主義と比べて、経済活動における自由が制限されていることは確かである。国家――というか共産党の指導部――は、自らの恣意的《しいてき》な判断によって民間部門を抑制する権限をもち、それを実現するための強力な行政機構があり、そして何より、共産党が「法の支配」に服することなく行動できるからだ。が、にもかかわらず、中国の人々は、西側の先進国の人々の――いくぶんか大きな――自由を、それほど羨ましいと感じてはいないように見える。どうしてだろうか。

ここでもう一度、1節の最後に紹介した、アセモグルとロビンソンの研究を思い起こしておこう。[*2] 彼らは、十分な経済成長は、包摂的な政治制度のもとでしか望めない、と――いくつもの経験的な事実をもとに――主張したのであった。どうして、包摂性が乏しい政治制度――つまり収奪的な政治制度――は、十分な経済成長をもたらさないのか。それは、支配者が、人民の自由な創意工夫を恐れ、嫌う傾向があるからだ。必ずしも支配者に反抗する意図をもっていないことであっても、新しいアイデアや発明物は、既存の支配機構を

——民衆を支配者に依存させる仕組みを——脅《おびや》かしたり、破壊したりする可能性があるからだ。この事実を念頭に置いた上で、考察を前に進めよう。

自由の劣化——西側の資本主義における

中国社会において、どの程度自由があるのか、どのくらい自由が抑圧されているのか。この点を見る前に、目を向けるべきは逆側、つまり「こちら側」である。西側の資本主義において、自由はどうなっているのか。それは、羨望の的となるほどのものなのか。

今日の西側資本主義のもとに見出すことができるのは、自由の劣化、自由の空洞化とでも見なすべき現象ではなかろうか。どういうことか。自由に対する、政治的な意味での抑圧や制限が高まっているわけではない。逆である。自由はむしろ、至上の価値にまで祭り上げられている。この場合の「自由」は、厳密に言えば、アイザイア・バーリンが言うところの「消極的自由」だ[*3]。つまり、他者からの干渉や強制を受けない選択の自由を指している。言い換えれば、自由に対する政治的な意味での許容度（寛容の程度）はきわめて高い。自由は、いわば、ほぼ全面的に資本主義の必要に委ねられている。が、このとき、自由は空洞化する。

資本主義のもとでの自由は、大きく分ければ、二つの形態をとる。消費者としての自由、そして働く者、つまり労働者としての自由である。消費者としての自由は、もちろん、選択できる商品やサーヴィスの拡大というかたちをとる。このような意味での自由は、今日、中国共産党の権威主義体制もそれほど恐れてはいない。つまり、中国の権威主義的資本主義のもとでも、西側の資本主義とほぼ同じレベルの消費者としての自由を確保することができる。

労働者としての自由についてはどうであろうか。マルクス主義の教科書的な設定では、資本主義的な生産様式は、生産手段を有する資本家が、生産手段をもたない労働者を雇用する、という形式をとる。生産手段から切り離されているということが、労働者の資本家への従属を不可避なものとする。だが、現在の資本主義では、労働者そのものに、生産手段が（部分的に）属している。それが、その労働者の労働に付加価値をもたらす専門的な知識、特殊な技術、さまざまな資格などの形態をとっている。生産手段と一体化している分だけ、今日の労働者は、かつての労働者よりも大きな選択の自由をもつ。

が、しかし、そのような自由を確保するためには、労働者は、生産手段としての自分自身を不断に、いつまでも更新していかなくてはならない。つまり労働者は常に新しい知識を獲得し、技術や技能を刷新していかなくてはならない（たとえばリカレント教育やリスキリングのことを思うとよい）。労働者たちは、生産手段としての自分自身を再創造する自由をもっている。しかしそれは、行使せざるをえない自由、自由と強制が一体化しているような自由である。

労働者そのものに生産手段が一体化しているため、資本家と労働者の間の古典的な区別はあいまいになる。このあいまい化の極限にある――それゆえに現代資本主義の特徴を代表している――労働者が、「個人事業主」という名前の不安定労働者precarious workerであろう。たとえばウーバーイーツの配達員。彼または彼女は、生産手段（たとえば自転車）をもっており、好きなときに働くことができる。形式的には、彼（女）は、それ以前の資本主義のどの段階における労働者と比べても自由な労働者だ。なにしろ彼（女）は、自分自身を雇う企業家なのだから。しかし、不安定労働者の人生は、実質的には全面的に、現存の資本主義の秩序に従属している。自由の極大化（個人事業主）が、服従の極大化（不安定労働者）と合致しているのである。

現代の先端的な資本主義のもとで、労働者の自由は、形式的には拡大している。このような自由は、権威主義的資本主義の中にいる、中国の労働者ももっているだろう。不断に自己更新しなくてはならないという点では中国の労働者も同じであり、また不安定労働者は中国にもあふれている。いずれにせよ、このような意味での（労働者の）自由は、特に魅力的なものではない。その自由は、重い負担である（生涯続く、自己自身の更新）。あるいは、その自由は、人生そのものの全面的な（経済システムへの）従属をも意味している。

功利主義の中国

したがって、現在の西側の資本主義は、冷戦のときに社会主義体制を崩壊に導いたようなかたちで、今日の中国の権威主義的資本主義に勝つことはできないだろう。現在の西側の資本主義が享受しているような自由は、おおむね、中国の権威主義的資本主義のもとでも実現されている。その上、その自由は、さして魅力的なものではない。

なるほど確かに、西側の民主主義的な資本主義は、中国の権威主義的資本主義よりも少しだけ余分な自由を人々に与えている。が、そのわずかな差異は、中国の一党独裁を内側から崩壊させるような不満を、中国の人民の中に生み出したりはしない。どうしてだろうか。どうして、かつての社会主義体制のようなことは起きないのか。

かつての社会主義体制とは違って、今日の中国共産党の支配は、イデオロギー的には空虚である。いや、もう少し厳密に言えば、中国共産党が立脚している原則は、功利主義であると見なすことができる。中国共産党が定義するような意味での——したがって中国共産党の一党独裁を前提にした上での——（中国人民の）満足度・幸福度の極大化が、政治の基本的な目標となっている。幸福度の指標は、直接的には、経済の規模、つまり所得や

GDPの大きさにある、と見なされている。功利主義に反すると国家が見なしたとき、自由は抑圧されたり、制限されたりする。中国の人民は、功利主義的な意味での合理性があるならば、積極的に自由の制限や放棄を受け入れる。彼らにとっての幸福の定義が、党が定義する幸福と合致しているとの実感をもてる限りにおいて、ではあるが。

そして、西側の体制においても今日、自由は、実質的には功利主義に従属している。自由の定義を――つまり自由とされるものの範囲を――資本主義に全面的に委ねたとき、その自由は、功利主義的なものになる。民主主義の側としては、功利主義を超える魅力的で有意味な自由があることを示しえなければ、資本主義と結びついて権威主義を超えることはできないだろう。

説明責任の二つの方向

ここで、中国の政治システムの――西側の政治システムとはまったく異なる――顕著な特徴について、解説しておこう。その特徴は、「説明責任accountability」の概念を使うと、わかりやすく示すことができる。中国のシステムと西側のシステムでは、「説明責任」が正反対の方向を向いているのである。いわば説明責任のベクトルが逆なのだ。どういうことか。

西側の政府や政治家は、基本的には、国民に対する説明責任を負っている。説明責任があるということは、政府や政治家の決定に関して、その影響を受けることになる国民を納得させなくてはならない、ということである。民主主義は、「政府が国民に説明責任をもつこと」から要請されていると解釈することができる。民主主義の手続きを通じて、国民は、政府の決定に納得していることを表現している。

中国の政治システムは、指導者や支配者に国民に対する説明責任があるという観念をもってはいない。共産党の指導者や高位の官僚は、その決定に関して、国民や住民を納得させなくてはならない、とは思っていない。このことは、あの「ゼロコロナ政策」を見れば、ただちに理解できるだろう。大都市を封鎖するにあたって、中国共産党の指導者たちは、関係者の納得が得られなければならない、などとは微塵も思ってはいない。そんな納得などなくても、都市封鎖の決定は、効果的に実行されるのだ。ゼロコロナ政策をやめるときもそうである。中国当局は、国民に、どうして突然、これまでの政策を撤回したのか説明する気はなかったし、国民の方もまたそんな説明がなくても、決定を受け入れる。

では、中国の政治システムは、説明責任の概念とは無縁なのかと言えば、そうではない。説明責任が、通常とは——西側のケースとは——逆を向いているのだ。権力のハイアラーキーにおいて、普通は、上位者が下位者に対して説明責任がある。しかし、中国の場合は逆である。権力のハイアラーキーの中にいる者は、自分よりも下位には説明責任をもたないが、自分の上位にいる者に――つまり上司に――説明責任を負う。[*4] たとえば香港の行政長官は、その統治が香港市民の納得を得られず、香港市民が暴れたとしても、そのことによって地位を失うことはない。しかし、もし中国共産党の指導部の納得が得られないことをやったら、行政長官は、たちどころにその地位を追われるだろう。

二つの政治システムにこのような差異が生じたのはどうしてなのか。中国のシステムにおいて、政治家や役人が、上位者に対してのみ説明責任を負うのはどうしてなのか。そのようなやり方でも、中国ではシステムが崩壊しないのはなぜなのか。その理由を説明する余裕はここではないが、それは結局、中華帝国の伝統に関連している、ということだけは述べておこう。中華帝国を存立させたメカニズムが、ひとつの文明的定数として、今日の共産党の権威主義的体制でも作用しているのだ。[*5]

すぐに気づくように、中国のこのやり方では、最上位者は誰に対しても説明責任を負わないように見える。最上位者とは、伝統的には皇帝であり、今日では共産党の最高指導者だ。だが実は、最上位者である皇帝にも説明責任があるのだ。誰に対して？「天」に対してである。皇帝は、天命を受けて、まさに皇帝として支配している。皇帝の政治は、天を納得させなくてはならない。

とはいえ、天は具体的に何かを指示したり、要求したりしてくるわけではない。皇帝の統治に納得しているかどうかを、天は明示的な言葉によって表明するわけでもない。天が納得しているかどうかは、その皇帝の政治によって秩序が維持されているかどうかで示される。人民が大きな不満をもっていれば、社会秩序を維持することは難しくなる。それゆえ結果的には、権力のハイアラーキーの頂点にいる皇帝だけは、人民に対して説明責任を負っていることになる。しかし、「天」という媒介を通じてのことなので、皇帝の人民への説明責任は間接的なものである。皇帝の政治は、中華帝国の人民の意思を透明に敏感に反映するわけではない。

ともあれ、ここで述べておきたいことは次のことだ。現在の中国共産党が先に述べたように功利主義に準拠してふるまうとき、つまり彼らなりの理解のもとで人民の満足度・幸福度を極大化しようとするとき、共産党は、「天」に対する説明責任を果たそうとした中華帝国の伝統的な政治と同じことをやっているのだ。そして、権力の秩序の上位者に対する説明責任だけは積極的に喜んで受け入れるという、中国人の伝統的な行動様式は、「自由」にかかわるもうひとつの主題とも深く結びついている。

二つの監視社会

もうひとつの主題は、現代中国の問題としてしばしば西側の人々が眉をひそめ、ときに批判もしてきた次の事実と関係している。中国は極端な監視社会である。そのため、中国社会は、きわめて不自由な社会であると見なされてきた。個人の生活は、プライヴェートな領域を含めて広範に政府の監視のもとに置かれており、それゆえに、個人は、政府からの操作や統御に対してきわめて脆弱である。中国政府による監視の機構の究極の姿が、社会信用システムだ。[*6]

社会信用システムとは、金融、懲戒、道徳等々のさまざまな機能領域ごとの個人情報の膨大なデータベースであり、それぞれの個人の情報に対しては、スコアのかたちで評価が与えられている。このシステムがいつから構築され始めたのかはわからない。中国政府がこのシステムに最初に言及したのは、2002年のことだという。このような個人情報の収集が可能なのは、もちろん、今日、人々の行動、人々のコミュニケーションの多くがインターネットを媒介にしているからである。社会信用システムは、いわば中国共産党の観点から、それぞれの個人がどの程度社会的に信用できるかを評価したものだと解釈することができる。評価が低ければ、つまり自分にわりふられたスコアが低ければ、その個人は、さまざまな便益へのアクセスが制限されるなどの不都合を強いられる。

個人の行動に対するこの種の監視は、自由に対する大きな脅威である。が、中国の一般の人々は、この種の監視を強くは拒否してはいない。もちろん、中にはこれを批判し、政府に抗議している者もいるが、それは少数派である。大多数はこれを受け入れている。歓迎している者も多い。どうしてなのか。ここでも、先ほど述べた逆方向の説明責任という中国の伝統的なエートスが効いている。中国の人々は、上位者に説明責任を求めず――つまり上位者が実行していることに関して納得させてもらいたいとは望まず――、逆に、自分の行動に関して上位者に納得（承認）してもらいたいと思っている。

中国の今日の監視機構は、冷戦期の社会主義体制のもとでの、秘密警察による監視とはまったく異なる目的や機能をもっている。どう異なっているのか。先に述べたことを繰り返すことになる。監視が、もっぱら功利主義的な基準に基づいてなされている点において、と。たとえば、社会信用システムにおけるスコアも、功利主義の観点からは有用である。とすれば、監視に関して何を恐れる必要があろうか。むしろ、すべての個人がインテンシブに監視されていることは、社会生活にとって便利ではないか。人々に害を及ぼす可能性がある人の行動を制限したり、排除したりすることができるのだから。

＊

西側の民主主義的資本主義のもとにある者は、中国の監視社会をおぞましいものだと批判する。しかしよく考えてみれば、西側の資本主義でも状況はあまり変わらないのだ。こちらでも同じような監視、同じような個人情報の収集がなされている。ただし、監視する主体、個人情報を集めている主体が、中国とは異なっている。それは、国家ではなく、私企業である。

何のことを述べているかは明らかであろう。ここで念頭にあるのは、たとえば、ショシャナ・ズボフが「監視資本」と呼んでいるようなインターネット上の企業、プラットフォーマー的な立場にある企業である。[*7] グーグル、アマゾン、メタ、マイクロソフト、アップル等だ。これらの企業は、人々のインターネット上の活動から個人情報を収集し、そこから得られる「行動余剰」から利潤を得ている。このことは、個人が、監視資本によって――たとえば広告による「ナッジ」を通じて――操作されていることを含意している。

要するに、西側の資本主義の中にいる私たちは――中国の監視社会の人々よりも――自由だと思ったら、それは大まちがいである。中国の監視社会が不自由だと言うならば、西側の資本主義、民主主義と結託している資本主義のもとでも、人々は今日、同じ程度に不自由である。監視の主体が国家である場合の方が、私企業である場合よりも邪悪だ、ということにはなるまい。特に、その国家の関心が主として功利主義的な場合には。

それどころか、「自由」という観点からは、西側の方が中国の監視社会よりも悪い、とさえ言える。中国においては、人々は、自分が政府によって監視されていることを自覚している。自覚した上で、それを容認・承認しているのだ。しかし、西側においては、人々はしばしば、自分が誰かに監視されていること、自分の個人情報が集められていることに無自覚である。インターネットは、自由を促進する強力なツールであると考えられている。インターネットが導入されたことで、選択肢が圧倒的に増え、選択の自由が拡大したのだ、と。しかし、インターネットを使用しているときこそ人は、最も徹底的に監視されている。つまり、私たちは、自分が最も自由であると思っているまさにそのとき、最も不自由である――他者からの操作に最も服しやすい状態にある、ということになる。[*8]

自分が不自由であると（監視されていると）自覚している不自由と、自分が不自由であることを自覚していない――むしろ自由であるとさえ思っている――不自由。どちらが危険で、質《たち》が悪いか、明らかであろう。この点でも、民主主義の陣営としては、「自由」を売りにして、資本主義の歓心を得ることはできないことが明らかになる。

中国人だけが……

民主主義の体制は、「自由」という魅力において、権威主義の体制に優っていると考えてきた。そして、その魅力のゆえに、「資本主義」も自分の方に帰ってくるしかないだろう、とも。しかし、述べてきたように、今や「自由」は決め手にはならない。かつての冷戦では、西側は「自由な社会」であることを通じて勝利した。しかし、今日の民主主義－資本主義は、中国の権威主義－資本主義に、同じ理由によって勝利することはできないだろう。

今節の最後に、まだ現実化してはいないが、「人間の自由」に関連して、私がとても恐れていることを書いておこう。今日、バイオテクノロジーの急速な発展によって、動物としての「人間」のヴァージョンアップが技術的に可能になりつつある。神経系への介入によって、そして何よりゲノムを操作することによって、「精神」や「知性」などのとりわけ人間的とされている能力に関しても、より強化したり、拡張したりすることが可能になる。ユヴァル・ノア・ハラリは、ホモ・サピエンスを超える「ホモ・デウス」が誕生するかもしれない、と予言している。[*9] そうなると、人間の間にとてつもない格差が生ずることになる。従来のままのホモ・サピエンスにとどまる者と何らかの意味で恵まれていて（？）ホモ・デウスへとヴァージョンアップした者との間の格差が、である。

バイオテクノロジーは、人間にとてつもない未曽有の自由を与えることになる。人間は、生物としての制約から自由になることができるからだ。とりわけ、遺伝子工学は、人間を、

「利己的遺伝子」の支配から解放する。ホモ・サピエンスも、当然ながら、究極的には、利己的遺伝子の奴隷である。しかし、人間が意図的に遺伝子を操作することができるようになれば、遺伝子の方こそ、私たち人間の奴隷である。

しかし、「ホモ・デウス」になることが技術的に可能になったとしても、それが、すぐに実行に移されることはないだろう。「倫理的な問題」があるからだ。ホモ・デウス化を許容すべきかどうか、どこまでならば許されるのか、何が禁止されるのか。長い長い議論が交わされることになるだろう。

けれども、結論がない問題をめぐって長い議論がなされるのは、「西側」の社会においてだけである。日本も、「西側」に倣うだろう。西側は、自分たちの伝統的な人間観を著しく傷つける、新しい技術の実用化をためらうに違いない。しかし、中国は、そんなことを気にしない。中国政府は、技術的に可能になればすぐに、一部の人間のホモ・デウス化を許容するに違いない。中国人だけが、ホモ・デウスになる……。

資本主義の心が離れつつあるとき、民主主義はどのような運命をたどることになるのか。資本主義と民主主義の関係について、もう少し考えるべきことが残っている。

＊1　この点に関しては以下を参照。大澤真幸『この世界の問い方』152－153頁。

＊2　ダロン・アセモグル、ジェイムズ・A・ロビンソン『国家はなぜ衰退するのか』。

＊3　消極的自由／積極的自由という対比は、バーリンが導入したものではないが、しかし、バーリンの影響力のあった講演とともに広く知られるようになった（「二つの自由概念」『自由論2』生松敬三ほか訳、みすず書房、1971年）。消極的自由とは、他者からの干渉がない状態を指す。積極的自由は、自分自身を制御できているということである。遊びたいという欲望に負けて、本来なすべきだった仕事ができなかったとすると、（遊ぶことを誰からも強制はされていなかったのだから）消極的自由はあるのだが、しかし、積極的自由はなかったと見なされる。「消極的自由」というと、まるでつまらない自由のことだと思われるかもしれないが、バーリンは、政治的には、積極的自由ではなく消極的自由の方だけを追求し、確保すべきだと考えた。積極的自由はしばしば、自由の反対物に転化するというのが、バーリンの診断である。私はしかし、バーリンの自由の二分法には、重要な盲点があると考えている。詳しくは以下を参照。大澤真幸『〈自由〉の条件』講談社文芸文庫、2018年、第6章・第7章。

＊4　Francis Fukuyama, *The Origins of Political Order*, Farrar, Straus and Giroux, 2011.

＊5　詳しくは、大澤真幸『〈世界史〉の哲学　東洋篇』講談社、2014年。

＊6　梶谷懐・高口康太『幸福な監視国家・中国』NHK出版新書、2019年。

＊7　ショシャナ・ズボフ『監視資本主義』野中香方子訳、東洋経済新報社、2021年。

＊8　欧米や日本で、政府や公的機関が、中国と同じレベルで個人情報を収集しようとしたら、政府がそれがいかに便利なものであると説こうが、国民的な支持・承認を得ることはできないだろう。中国の場合には、述べてきたように、それが可能になっている。つまり、政府による個人情報の収集・評価が、国民によって受け入れられている。本文で示唆したように、それには中国文明の伝統に連なるエートスが与《あずか》っているというのが、私の仮説だ。同じ伝統をもたない社会では、個人情報の徹底した収集は、私企業によって秘密裏に、あるいはいくつもの言い訳をつけて申し訳なさそうに（一種の必要悪として）なしうるだけである。

＊9　ユヴァル・ノア・ハラリ『ホモ・デウス』。

4　離婚の決心がつかない民主主義の運命

民主主義的な決定は必ずしも正義ではない

民主主義と資本主義の関係について考えている。両者は、理想的な結婚生活を送っているかに見えた。しかし、最近——21世紀に入った頃から——、資本主義は民主主義と別れてもかまわない、という態度をとっている。資本主義は二股をかけているのだ。資本主義は、民主主義とだけではなく、権威主義とも——中国の権威主義とも——良好な関係を築いている……ように見える。前節で述べたように、資本主義が民主主義とセットになったときにだけ享受することができる、と信じられていた「自由」についても、今や決め手ではなくなりつつある。資本主義は、民主主義と結びついたときにだけ、良質の「自由」を得ることができる、というわけではないのだ。

だが、民主主義の方は資本主義とは別れたくないらしい。民主主義の側の資本主義への執着は消えていない。このとき、民主主義はどのような運命をたどることになるのか。民主主義はどうすべきなのか。

先に、論理的に考えて、きわめて当たり前のことなのに、しばしば誤って認識されていることを指摘しておこう。民主主義的な政体を有する国の人民だからといって、解放的であったり、進歩的であったり、リベラルだったりするような政策を支持するとは限らない。民主的な決定であるということと、その決定の内容が正義にかなっているかどうか、ということとは原理的には別のことである。たとえば、民主的な国民だからといって、国家間の平和な関係を望むわけではない。侵略的と――第三者には見える――軍事行動が、民主主義的な手続きを通じて支持されることも、当然ありうる。[*1]

たとえば、２０１５年、ポーランドで右派の政党「法と正義」が総選挙で圧勝し、政権を奪取した。このとき、ＥＵは、「法と正義」の政策が、ＥＵの理念である民主主義に反するとして、その変更を求めた。具体的には、「法と正義」政権が、移民・難民の受け入れを拒否したことに対して、ＥＵは、しかるべき（ＥＵ内での）分担にあたる人数の移民・難民をポーランドは受け入れなくてはならない、としたのだ。このとき民主主義の原理を蹂躙《じゅうりん》しているのはどちらなのか。ポーランドかＥＵか。むしろＥＵこそ、ポーランドの民主主義に干渉し、それを否定していると見るべきではないか。

２０１７年にポーランド政府が、「司法改革」の名のもとに、自国の最高裁判所の人事に介入したときにも、EU各国は、「法の支配」の原理に反するとして、これを批判した。この批判は妥当なものだが、しかし、「民主的な政府」に対する、外部からの圧力になっていることも確かである。EUによるポーランド政府の「司法改革」への批判は、民主主義に反するものだと言わざるをえない。

あるいは逆のことを考えてもよい。ポーランドの「法と正義」とは違って、アンゲラ・メルケルは首相の座にあった2015年、ヨーロッパへ押し寄せた大量の難民をドイツに受け入れた。これは人道的で解放的な政策として評価することができる。だが、メルケルがこのような思い切った決定をくだすことができたのは、自国の「民意」や「民主主義」を無視したからである。民主的に選出された議会の「許可」を得ることを優先させていたら、メルケルはこのような英断をくだせなかっただろう。つまり、議会は、難民の大量受け入れを許可しなかっただろう。

*

今、確認していることは、当たり前のことである。つまり、国民国家の民主主義は、必ずしも、「人間解放」や「正義」などに合致した決定を導き出すとは限らない。では、民主主義を支持している私たちとしては、(私たちの観点から)明らかに正義に反することが民主的な手続きによって決定されたとき、どうすべきなのか。国民の多数が、侵略戦争を支持したり、人種差別的な法律に賛成したりしたときに、私たちはどうすべきなのか。民主主義を支持しているのだから、それらの誤った政策や法律を受け入れるべきなのか。

これに対する答えも言わずもがなのことであろう。たとえ民主主義の形式的な手続きに準拠して導き出された政策や法律であったとしても、それらが正義に著しく反するときには――そのように判断したときには――、それらを批判し、その実行に抵抗すべきである。「民主主義」を言い訳にして、不正義を許容してはならない。

離婚を受け入れられないと……

さて、この節で論じておきたいことは、別のことだ。民主主義的な決定が、普遍的な正義や解放的な政策とは合致しないことがありうる、ということが単に一般的な可能性として認定できるだけではない。民主主義的な決定を、普遍的な正義に反するものへと――特殊な利害を優越させる内容へと――方向づける要因がある。しかもこの要因から来る力が強く作用したときには、民主主義がしだいに権威主義の相貌を帯びるようになる。その要因とは何か。それこそ、資本主義、グローバルな資本主義である。

次のように言い換えた方が含みがあるだろう。2節で述べたように、資本主義は民主主義と離婚してもよいとさえ考えている。しかし民主主義は、資本主義と別れたくない。資本主義の方から切り出された別れ話を受け入れることができない。民主主義は資本主義にすがることになる。「私を捨てないで」と。その結果として、民主主義は、自分の恋のライバルである権威主義に似たものへと変容していくのだ。

今比喩的に述べたことを、概念的に説明し直そう。民主主義的な――あるいは民主化をめざす――国民国家があるとする。ここで留意すべきは、民主主義という政治よりも、グローバルな資本主義という経済の方が、社会状態に対して一般により強い規定力をもつ、ということだ。つまり民主主義の方が、資本主義に自らを適合させようとする。国民国家の民主主義は、グローバルな資本主義を前提にして、その中での成功をめざそうとするのだ。

ここで、その国民国家が、資本主義の競争の中では、トップランナーではなかったとする――つまり後発的なグループだったとする。このような状況のもとにある主権をもつ国民国家は、資本主義の競争の中で生き抜き、経済的な豊かさを確保しようとすると、右派ポピュリズムに基づく権威主義的な体制に近接していく。なぜなら、グローバルな資本主義の中での競争にあたって動員しうるイデオロギーは、ナショナリズムしかないからだ。国民国家を、グローバルな資本主義の競争において、利害をともにする運命共同体として感受させる必要があるのだ。

このような展開を経由した典型例として、ハンガリーを挙げることができる。ハンガリーは、EUの一員である（2004年に加盟）。ハンガリーは、EUの加盟条件を満たしていると認定されたことになる。つまり、ハンガリーは民主主義国だと見なされたのだ。しかし、（2010年以降）オルバン首相が独裁的なリーダーシップをとる現在のハンガリーは、権威主義的であるとも見なされている。

＊

ハンガリーのふるまいは、EUの中でも特異的だ。明白に権威主義的と見なしうる中国やロシアとも、積極的に友好的な関係を結ぼうとしてきた。ウクライナ戦争の直前には、オルバン首相はプーチン大統領と会い、天然ガスの廉価な供給の約束をとりつけている。ハンガリーは、ロシアへの経済制裁に反対した、EU内の唯一の国である。戦争が始まった後も、ハンガリーはロシア産天然ガスの輸入量を増やしている。

権威主義的な国家と友好的な関係をもっているだけではない。ハンガリーの内政は、確かに権威主義への傾きをもっている。オルバンは、あからさまに「非自由民主主義」を唱えている。選挙制度だけは維持されている（もっとも、選挙区の区割りが、オルバンの与党フィデス・ハンガリー市民連盟に有利になるように設定されている）が、たとえば言論の自由は、非公式な仕方で制限されている。政権に対して批判的なメディアに対しては、さまざまな仕方で締めつけがなされている。現在、ハンガリーのマスメディアの8割が政権寄りだ。

ならば、オルバンは、国民からの民主的な支持のない独裁者かというと、そうではない。オルバンは人気がある。ウクライナ戦争勃発後間もない時期に実施された、2022年4月の議会選挙でも、オルバンが率いる与党フィデスは圧勝した。世論調査によれば、オルバンの親ロシア的な政策もおよそ半数の国民に好意的に見られている。

オルバンはしかし、最初から権威主義的だったわけではない。この点こそが重要だ。彼が、1998年に初めて首相の座に就いたとき、めざしていたものは、権威主義とは正反対のもの、つまり自由民主主義だった。オルバンとその政府の目標は、民主主義国としての承認を得て、EUやNATOに加盟することにあったのだ（そして、それらに成功した）。では、どうしてオルバンは、権威主義へと路線を切り替えたのか。きっかけは、2008年のリーマン・ショック後の不況である。権威主義だけが、十分な競争力をもつ経済を実現すると考えたのだ。グローバルな経済の力が、民主主義への指向を権威主義への指向へと反転させたと言ってよい。

*

民主主義は、資本主義に対して未練をもっている。しかし、民主主義的な政治システムが自らを資本主義に適合させようとすると、しばしば、自分自身を否定することになる。つまり、民主主義はその美点を放棄し、ときにはその反対物（権威主義）へと変容する。この傾向は、グローバルな資本主義の競争の中で後発的なポジションにあった国、発展途上の国においてより顕著《けんちょ》である。

が、今日では、最も豊かな西側諸国の中にさえも、この兆候が見られる。EUの比較的豊かな国の中でも、権威主義への傾向を有する右派ポピュリストがその勢力を拡大させている。フランスでの「国民連合」のル・ペンの人気を思うとよい。イタリアでは、右派「イタリアの同胞」の党首ジョルジャ・メローニが2022年10月首相になった。そして何よりも、最も豊かな国であるアメリカ合衆国において、トランプ大統領が登場したではないか。グローバルな資本主義の世界での生存と成功に強く執着しすぎると、民主主義はその反対物（権威主義）へと反転する。この傾向は、今や、先進国でも見出すことができる。

　さらに付け加えておけば、権威主義化する勢力は、自分たちを「権威主義者」などと言ったりはしない。逆に民主主義者であると自称する場合の方がずっと多い。トランプ大統領は、議事堂を襲撃した自身の支持者たちを煽動《せんどう》したときも、また自身の事業記録の改竄《かいざん》をめぐる隠蔽（不倫口止め料問題等）で起訴されたときにも、自らこそがアメリカ民主主義の擁護者であると声高に主張した。ふりかえってみれば、19世紀の終わり頃の段階ですでに、フリードリヒ・エンゲルスは、革命のとき、反動的な大衆は民主主義者であるかのようにふるまおうとするので気をつけるように、といった趣旨のことを述べている。[*2] 革命の最中でも、またその後も、反革命的な勢力、反動的な大衆は、自分たちこそ民主主義者であると主張する。[*3]

グローバルな民主主義は可能か

しかし、次のように考えられないか。民主主義は、今のところ、国民国家の範囲に対応した政治秩序である。それに対して、資本主義は完全にグローバルな現象だ。このギャップが、民主主義と資本主義の結婚を不幸なものにしているのではないか。

したがって、グローバルな資本主義に対応するような民主主義的な政治秩序が確立されたとすると、資本主義と民主主義の幸福な結婚が戻ってくるのではないか。今は、そのような政治秩序は存在しない。しかし、民主主義的な「世界共和国」のようなものが実現すれば、それは、資本主義との間によき関係を築くことができるのではないか。この原理的な問題について最後に考えておこう。

先に結論を言っておこう。経済秩序としての資本主義との対応に拘泥《こうでい》する限り、グローバルな民主主義は不可能である。技術的に困難だ、と述べているのではない。たとえば80億人の人口を抱えたこの地球で、選挙を実施することは難しい、と言っているのではない。そのような技術的な困難であれば、原理的には克服可能だろう。しかし、論理的な不可能性がある。グローバルな資本主義とセットになったグローバルな民主主義は、原理的に不可能だ。

どうしてなのか。この不可能性についてのテーゼは、1節の最後の段で述べたこと、すなわち民主主義と資本主義は同じ社会ヴィジョンを共有しているという主張と矛盾しているのではないか。もし両者が同じ社会ヴィジョンに立脚しているのであれば、資本主義の経験的な広がりと対応する民主主義を実現するならば、両者は整合的に機能するはずではないか。

実は、あのときにはあえて無視した、資本主義の本質的な条件があるのだ。資本主義のもとでは、資本は、永続的に利潤を——というより剰余価値を——生み続けなくてはならない。剰余価値を産出しながら増殖する資本の運動が永遠に止まらないということが、資本主義が成り立つための条件である。この条件を考慮に入れたとき、グローバルな資本主義に対応する民主的な政治秩序が不可能だということが明らかになる。

どうして剰余価値（≒超過利潤）が発生するのか。それは、グローバルな市場が均質ではないからだ。市場で、すべての人に平等に同じルールが適用されているわけではない。市場が完全に均質であったならば、ただ等価交換がなされるだけで、剰余は発生しない。剰余価値が発生するのは、均質性を破る多くの例外が、平等に適用されるべきルールに対する違反が、いたるところに仕込まれているからである。何らかの自然の資源が無料か、きわめて廉価で獲得できる、非常に安い労働力が使える、等が、そうした「例外」にあたる。たとえば極端に安い賃金で労働者を雇うことができるということは、資本主義的な資本‐賃金労働関係よりも前の直接的な支配‐服従関係が——たとえば奴隷制的な関係が——残っており、それが安い賃金を補うかたちで機能している、ということを意味している。[*4]

資本主義が存続するためには、このような逸脱や例外を見出さなくてはならず、ときに経済外的な方法を使ってでも、それらを維持したり、さらには創出したりしなくてはならない。経済外的な方法とは、政治的な権力や影響力であり、そして最終的には物理的暴力(軍事力)である。また、イマニュエル・ウォーラーステインの言う近代世界システムの「中心／周辺」は、資本主義的市場が絶対的に必要とする不均質性の最も顕著な形態である。

したがって、グローバルな市場は必然的に、公平なルールの適用から排除されたことで、周辺化されたり抑圧されたりしている人々を生み出すことになる。この事実が、グローバルな民主主義の政治秩序を不可能なものとする。1節で述べたように、民主主義が成り立つためには、〈原合意〉が必要になる。つまり、自分とは政治的な意見を異にしているライバルでさえも「私たちのことをも配慮している」と信頼できる程度の暗黙の合意がなくてはならない。しかし、周辺化され、抑圧されている者たちは、自らが〈原合意〉の範囲に入っていると実感することはできない――つまり自分たちが、優位な立場にある人たちの配慮の対象になっているということを真に納得することはできない。

彼らはむしろ、主流の〈原合意〉の外部にある、彼らの境遇を特徴づける特殊な属性に、自らのアイデンティティの拠り所を見出すだろう。具体的には、ナショナルであったり、エスニックであったり、あるいは文化的であったりする特殊性に固着し、同一化することになる。グローバルな資本主義は、こうして、むしろ文化的な分断をもたらす。これは、実際、現在われわれが目の当たりにしていることである。[*5] この分断は、グローバルな民主主義には適合しない。

結論は離婚

民主主義と資本主義の関係について第1部で考えてきた。そこから、次のように結論せざるをえない。私たちが、(いろいろな問題があったとしてもなお)民主主義を最良の政治形態であると見なし、その維持や発展を望むならば、民主主義は、資本主義とは離婚しなくてはならない。資本主義とは異なる経済システムと再婚しなくてはならない。[*6] しかし、それは、どのような再婚相手なのか……？

それはまた別の論考の主題になる。最後にもう一度、資本主義がいかにタフなシステムであるか、ということを確認しておこう。資本主義は、自らに対する批判をも、自身の存続のための糧《かて》にすることができる。今日、資本主義に対して最も批判的な階級は、労働者ではない。労働者はむしろ、資本主義を擁護している。資本主義の現状を問題視し、過激に批判するのは、最もリッチな資本家である。たとえば、ダボス会議（世界経済フォーラム）では、超富裕層があまりに大きな格差を憂え、富裕層への課税の必要を主張している。ビル・ゲイツのような大金持ちが、貧困問題等の弊害を是正するために、天文学的な金額を寄付している。

彼らは、資本主義に批判的だが、これによって資本主義が乗り越えられることは絶対にない。彼らが資本主義を批判し、巨額の寄付ができるのは、資本主義が「正常」に機能している限りにおいて、なのだから。彼らの批判や、それに基づく行動は、資本主義の「過剰」をいくぶんか是正するが、そのことによって、資本主義の機能そのものはむしろ確実に維持されることになる。彼らは、典型的な「親切な奴隷主」（オスカー・ワイルド）である。奴隷主がいかに親切になり、奴隷に対して寛容になったとしても、奴隷制そのものを倒すことはない。[*7]「親切な奴隷主」の想像力や活動に頼っていても、決して、資本主義へのオルタナティヴは見出しえない。

＊1　現在のロシアは、十分に民主的な体制ではない。では、ロシアがもっと民主的だったら、戦争は起こらなかったのか。ロシアの体制がもっと民主的だったら、プーチンは大統領になっていなかったのか。この問いは開いたままにしておく。

＊2　エンゲルスは、1884年12月に、自分よりも20歳ほど若い社会主義者アウグスト・ベーベルに宛てた手紙の中でこうしたことを書いている(https://wikirouge.net/texts/en/Letter_to_August_Bebel,_December_11-12,_1884)。

＊3　世界で最も反民主主義的な国の名前は、「朝鮮民主主義人民共和国」である。

＊4　賃金労働と奴隷制との関係については、以下を参照。デヴィッド・グレーバー『負債論』酒井隆史監訳、高祖岩三郎・佐々木夏子訳、以文社、2016年。

＊5　ウクライナ戦争も、この分断のひとつの現れである。大澤真幸『この世界の問い方』46－67頁。

＊6　実は、もうひとつ別のことも潜在的な結論になっている。ここまで、民主主義として念頭に置かれているのは、複数政党制的な議会主義である。議会主義は、現在の危機を乗り越えるには、あまりにも無力である。私たちは、この政治システムを至上の政治形態と見るのをやめなくてはならない。民主主義の別の形態を必要とする。かといって、草の根的な直接民主主義が有効ではないことも、明らかである。

＊7　大澤、前掲書、234頁。

第2部

西洋近代の罪と向き合うとき

Ⅰ

市民的抵抗が極端に少ない例外的な国

初出
1　『一冊の本』　2024年　10月号
2　同　同　11月号
3　同　同　12月号

1

21世紀、世界では「非暴力抵抗」が非常な勢いで増加している

「ママ・クリーニング小野寺よ」

小川哲《さとし》が2022年に発表した小説『君のクイズ』は、びっくりするようなシーンで始まる。[*1]

主人公にして語り手の「僕」、三島玲央《れお》は、数々のクイズ番組に出演し好成績を上げてきた、ファンの間では名の知れたクイズプレイヤーである。「僕」は今、1000万円がかかった第1回「Q-1グランプリ」の決勝に臨んでおり、その様子は、生放送で全国に配信されている。「僕」の相手は、「世界を頭の中に保存した男」「万物を記憶した男」などの異名をもつ、やはり有名なクイズプレイヤーで、テレビタレントの本庄絆《きずな》。「僕」は今日、調子がよく集中力もある。スポーツ選手が言う「ゾーン」みたいなものが、これかもしれないと感じている。

一進一退の大接戦となった。これで勝敗が決するという最後の一問に来ている。クイズ

は、ただ正解がわかれば勝ちという対決ではない。より速く正解を出した方が勝ちである。つまりボタンを早押ししなくてはならない。出題を全部聴き終わってからボタンを押したのでは、もう間に合わない。「ひっかけ」のある微妙な言い回しで出題される問いが何であるかを、できるだけ早い段階で、つまり出題の途中の、できれば「イントロ」の部分で察知して、正しい答えを言わなくてはならない。

「僕」が、そしてテレビの前の全国の視聴者が集中して出題を待っている。アナウンサーが、「問題――」と読み始めた。と、その瞬間である。本庄絆がボタンを押した！　出題の内容が読まれる前に、である。問題の内容にかかわることは、まだほんのわずかも言われていない。本庄のフライングか、と見えた。「僕」は勝った、と思った。

だが本庄は、狼狽《ろうばい》することなく、答えらしきことを言った。本庄が口にしたのは、

「ママ.クリーニング小野寺よ」

訳のわからない答え。とうていヤマカンで到達できる答えではない。これが、どういう質問に対する答えなのか、まったく推測することができない。が、本庄がこの解答を、念を押すようにもう一度言ってから10秒ほどして、正解を示す「ピンポン」という音が鳴った！　出題側も驚き呆然としている中、本庄が、Q－1グランプリ初代チャンピオンに決まった。

本庄絆は、出題の前に――厳密には「出題が終わる前」ではなく「出題が始まる前」に――正解に到達したのだ！　どうして本庄は、問題をまったく聴かずに正しい答えを得ることができたのか？　小説の中では、テレビ局と本庄とが共謀したやらせではないか、などという噂が流れたりもする。「クイズが汚された」と憤る者も出てくる。だが、これはやらせではない。詐欺的な部分、犯罪的なことは一切ない。ならば本庄は、どうして正解を得ることができたのか？　『君のクイズ』は、「僕」がこの謎を解くミステリーである。その過程で、さまざまな番組を渡り歩くクイズプレイヤーの心理が繊細に描写されていて、非常におもしろい。

オタクたちの超能力

私は、クイズ番組についてはほとんど何も知らないのだが、小説のこの冒頭のシーンを読んで、1991年から93年に放送されていたあるクイズ番組を思い起こした。私と同じくらいの年齢――厳密には90年代の初頭に高校生以上だった者――で、同じ番組を連想する者は多いのではないか。そのクイズ番組とは、フジテレビで放送された「カルトQ」である。深夜番組なのに視聴率が高く、たいへん人気があった。

「カルトQ」は、簡単に言えば、オタクの全国選手権である。毎週のテーマを通じて、私は「世の中にはいろんなオタクがいるのだな」ということを初めて知った。「B級映画」「スポ根漫画」「ビートルズ」「少女マンガ」「タカラヅカ（宝塚）」などについては、そういうオタクがいることは想像がついたし、知人にもそれに近い人がいた。だが「化粧品」「ラーメン」「ファミリーレストラン」「東横線」「メディカル・ドラッグ」「ジャンクフード」……などのオタクについては、この番組を通じて初めてその存在を知った。

解答者たちは、そのテーマについて「詳しい」「たくさんの知識をもっている」という域を超えていた。彼らの、テーマに対する――ほとんど人生を賭けているのではないかと思われるほどの――情熱、強烈な愛に、ちょっとした感動すら覚えた。テレビに出演しているのは5人だが、その5人は、予選を勝ち抜いた者だ。毎週、テーマごとに出場希望者を募集し、筆記試験による予選が行われていた。予選はもちろん放送されないが、ときどき、その様子が番組の中で紹介された。予選の問題がすでに超難問だが、その成績上位5人が、本戦である番組に出演し、カルトキング（あるいはカルトクイーン）を争う。

視聴していると、争い合っている解答者5人たちの間に連帯の感情が生まれているらしい、ということが伝わり、この点に私は最も強く惹《ひ》かれた。もちろん5人は、長年の友人でも何でもない。番組を通じて初めて出会っているはずだ。おそらく、彼らは互いに、同じテーマに愛着を覚える同志としての絆を感じているのだ。現在は、インターネットが普及しているので、どんなテーマのオタクも、全国に、いや全世界に散らばっている同志を見つけるのは難しくはない。しかし、インターネット普及前の90年代初頭には、この番組がなければ、彼らは同志に出会うことはなかっただろう。同志がいることすら知らず、孤独にそれぞれのテーマに打ち込んでいた者も多かっただろう。

番組で出題される設問は、全国トップのオタクたちに向けられたものだ。異様にマニアックな質問が出される。こんな細かいことまで知っているのか、と視聴者は驚かされる。ときに、一般の視聴者には、答え以前に、出題文の意味すらわからないことがある（アナウンサーも、よく理解できずに読んでいました、などと告白していたことがあった）。そんな問題に、いわゆる「イントロクイズ」風に即答するファイナリストたち。その異能は、人間離れした超能力にも感じられるので、「カルト」と番組名に掲げられたのだろう。[*2]

私は、小説を読みながら、このクイズ番組のことを思い出していた。

非暴力抵抗の有効性

さて、小川哲の『君のクイズ』への言及から始めたのは、クイズという文化について論じたいからではない。おもしろいミステリーをここで紹介したいわけでもない。本庄絆がどうして出題に先立って正解に到達することができたのか、その理由を知ることが、一見、これとはまったく無関係なある疑問、ある社会的・政治的な問題を解くための鍵となるのだ。もう少していねいに言い換えれば、その社会的・政治的な問題がなぜ生じているのかを理解すると、本庄の回答をめぐる謎に対して作者が与えた解決に、現代（日本）社会の現実に即した深い説得力があることがわかってくるのである。

本庄がどうして正解に達しえたのか。それは、クイズ業界で実際に起きている事実を取材したものではないだろう。作者による虚構（作り話）に違いない。が、にもかかわらず、その虚構にはある説得力があり、一定の真実がある、ということをわれわれは示すことになるだろう。では、本庄が出題をまったく聴く前に正解を得ることができた理由に、小説がどんな説明を与えたのか。このことについては後で解説する。[*3] その前に、「これとは一見、まったく無関係な、社会的・政治的な現象にかかわる疑問」が何であるかを説明する必要がある。それは、エリカ・チェノウェスの指摘したことから発する疑問である。

＊

チェノウェスは、２０１１年に発表した本[*4] *Why Civil Resistance Works*（マリア・ステファンとの共著）で大きな反響を呼び、広く知られるようになったアメリカの政治学者である。われわれは、体制の転換をもたらすような真に大きく有効な政治的運動の典型的な実例として、フランス革命やロシア革命を念頭に置く。つまり、大きな変革をもたらしたければ、政府に抵抗する側は、暴力に訴えるほかない、とわれわれは思ってきた。暴力の行使をためらう甘い運動は、成果を上げられないか、ごくささやかな結果を残すだけである、と。チェノウェスも、最初はそのように思っており、政治における暴力の意義を考察するPh.D.論文を用意していたらしい。

だが、真に有効な政治的運動は、主として暴力的なものである、という常識は正しいだろうか。チェノウェスは、律儀に調べてみることにした。つまり、彼女は、共同研究者とともに、1900年から2006年までの、世界中の政治運動についての膨大な歴史データを収集し、分析してみたのだ。その結果、事前に思い込んでいたことに反する次のような仮説の方がはるかにもっともらしい、ということを見出した。すなわち、暴力的な政治運動よりも、非暴力の運動の方が、成功率がずっと高いのだ（チェノウェス等が集めたデータでは、後者の成功率は前者のおよそ2倍になる）。

ここで用語を確認しておこう。チェノウェスは、非暴力の抵抗キャンペーンのことを「市民的抵抗civil resistance」と名づけた。市民的抵抗とは、政治的・社会的・経済的な現状を打破することを目的としてなされる、暴力には訴えない集団行動である。データの収集にあたっては、1000人以上が参加した運動が市民的抵抗のケースとしてカウントされている。この種の集団行動の方法は多様だ。その典型はデモだが、ほかにもいくらでもやり方はある。ストライキ、不買運動、公開の討論会等々。

要するに、チェノウェスは、2011年の著書で、非暴力の市民的抵抗の成功率は、暴力的な政治運動やテロのようなものよりはるかに高い、と主張したのである。チェノウェスが集めたデータによると、このことは、体制の転覆や政権の交替を求めるような革命的な運動の場合にも成り立つ。たとえば、マルコスの独裁を終わらせた、1986年2月のフィリピン革命のことを思うとよい。このとき、反マルコス派は、マルコスやその夫人イメルダを殺害したわけではない。

チェノウェスの同書には、もうひとつ大きく注目された発見があった。その発見は、「3・5%ルール」と呼ばれている。どのくらいの規模のキャンペーンだったら、必ず成功するだろうか？　それまで政治学者たちは、漠然と「5%ルール」を信じてきた。すなわち、人口の5%以上が動員されている集合的な政治運動であれば、必ず成功する、と。これを最初に明示的に唱えたのは、マーク・リックバックである。[*5] 5%という数字に強い実証的な根拠はなく、思弁の産物なのだが、政治学者たちは、おおむねそんなところであろう、と信じ、受け入れてきた。

だが、チェノウェスたちが集めたデータを見ると、確実に成功するための規模を示すハードルはもっと低い。ピーク時に人口の3・5%が参加した運動で失敗したものはひとつもなかったのだ。それよりさらに低い動員率でも、たとえば2％でも成功した例はいくらでもある。しかし、人口の3・5％を超えた規模であれば、失敗例がない。ゆえに、5％ルールは、3・5％ルールに置き換えられなくてはならない。国民の3・5％が一斉に立ち上がって、何か現状の変更を要求したとき、政府には、その要求を全面的に受け入れるか、さもなければ政権から去るか、どちらかの道しか残されていない、ということになる。[*6]

日本社会の極端な例外性

ここまでは、まだ前提となる知見を確認しただけである。われわれが主題にしたいことは、以上の研究成果を受けて、チェノウェスがさらに10年後の2021年に出版した著作*Civil Resistance: What Everyone Needs to Know*で指摘したことに関連している。[*7]

チェノウェスは、ずっと政治的なキャンペーンについてのデータを収集し続けている。そのデータから推計して、彼女は、21世紀に入ってから、市民的抵抗、つまり非暴力抵抗キャンペーンの数は、非常な勢いで増加しつつある、と主張する。21世紀の最初の20年間で起こった市民的抵抗の数は、20世紀の100年間に起こった数の合計よりも多い、と。つまり、市民的抵抗と見なすべきキャンペーンの頻度は、20世紀と比べて5倍以上になっているのだ。

これは、どこか特定の地域だけで見られる傾向ではない。全世界的な傾向だ。スーダンやインドやブルキナファソ等のグローバルサウスの運動も、香港での運動も、アメリカやヨーロッパなどの豊かな社会で起きた運動も、すべて含めて見出される現象である。運動のイシューも多様で、強い共通性はない。「ウォール街を占拠せよ」運動も「ブラック・ライヴズ・マター」も、「#MeToo」も、「LGBTQ」も、「黄色いベスト運動」も、そして気候変動に関連する運動も、すべてカウントされている。

チェノウェスの著書は、2020年までを視野に入れたものだが、その後の4年をも考慮に入れれば、この傾向は、つまり市民的抵抗の数と頻度の増加傾向は、まちがいなく、さらに加速している。ウクライナ戦争（とりわけロシアの軍事侵攻）に対する抗議運動、イランで起きた女性への抑圧（ヒジャブの強制）に反対するデモ、そしてガザ戦争（とりわけイスラエルのネタニヤフ政権）に対する抗議行動などが、世界各地で起きているからだ。

さて、ここで、われわれは、日本人は立ち止まり、ふしぎに感じるはずだ。市民的抵抗と見なしうる運動の増加が、グローバルな傾向だとして、日本社会でも、同じように、21世紀になってから、市民的抵抗の頻度が増えているだろうか？　5倍の頻度の増加というのは、もし実際にそのようなことがあるならば、厳密な調査などに頼らなくても、日常生活の中で体感できるスケールだ。日本社会で、この20年ほどをふりかえって、デモが頻繁に行われている、しばしば政治的な集会が開かれるようになった、等のことを感じられるか？　そんなことはあるまい。日本社会では、市民的抵抗は、特段には増えていない。21世紀に入ってからの四半世紀弱の期間をふりかえったとき、日本社会でも2回、政府に抗議する大規模なキャンペーンが起きた。ひとつは、２０１１年の原発事故の後にあった、脱原発を求めるデモである。そして、２０１５年には、憲法の解釈の変更をともなう安保法制に反対する大規模なデモがあった。しかし、全体として捉えたときには、日本では、市民的抵抗の頻度は、増えてはいない。

　チェノウェス自身は、特に日本に注意を払ってはいない。ただ、全世界的な傾向として顕著に、市民的抵抗の頻度が高まっている、と指摘しているだけだ。だが、日本社会にいるわれわれにはすぐにわかる。日本では、この指摘は当たらない、と。先ほど述べたように、市民的抵抗の増加傾向は、「先進国」「発展途上国」の区別等に関係がない、世界的な傾向である。そうだとすると、日本社会は極端な例外だということになる。どうして、日本社会では――日本社会でのみ――、市民的抵抗の数が少ないのだろうか？　これが、ここで問いたい主題である。

　この問いに対する、ごく当たり前の答えが妥当ではないことは確かである。つまり、日本社会は、他の国や社会に比べて特別にうまくいっているので、抵抗や抗議の運動は起きないのだ、という答えは明らかに誤りである。日本社会は、ほかの国々より順調だということはまったくない。日本は、いわゆる先進国の中で、90年代中盤以降GDPがまったく伸びていない唯一の国である。日本よりは経済成長している諸国では、頻繁にデモやストライキが起きているのに、相対的に貧困化している日本でだけ、そうしたことがまったく起きない。

そもそも、世界各地で頻発している市民的抵抗の多くが、グローバルな課題に関連しており、それは日本も無縁ではないはずだ。その典型は、気候変動問題だ。日本だけ、異常気象の影響を受けていない、というわけではないのに、とりたてて目立った社会運動を引き起こしてはいない。あるいは、ウクライナ戦争やガザ戦争に関連したキャンペーンが、戦争当事国ではない世界各国で起きるのは、その局地的な紛争が、彼らにとっては、「われわれ」の、あるいは世界の問題として感じられているからだが、日本人にはそのような感受性がないことになる。どうしてなのか。

トータルな破局への予感

日本の不可解な例外性をめぐる問題を解くためには、その前に解いておかなくてはならない疑問がある。そもそも、なぜ、市民的抵抗の頻度が、グローバルなレベルで、21世紀に入ってから極端に高まっているのだろうか？　裕福な国か、グローバルサウスか、等の社会経済的なポジションに関係なく、あるいはさまざまなイシューを横断するかたちで、市民的抵抗が急増しているのはどうしてなのか？

チェノウェスも、この疑問に対しては、さまざまな原因を挙げている。たとえば、インターネットが一般化し、そして何よりSNSが発明され、普及したことで、何千人、ときには何万人もの人を短期間に集めることが容易になったこと。確かに、こうした原因も利いているに違いない。しかし、私はより基底的な原因が作用していると推測している。[*8]

どうして、21世紀に入ってから、市民的抵抗の数が急増しているのか？　われわれの社会——地球社会や人類や生命の全体——の「持続可能性」に対する不安が高まり、広く分けもたれているからではないか。つまり、このままのやり方を続けていれば、われわれの社会が、何らかの意味での破局に至るだろうという切迫した予感が、21世紀に入ってから急速に広まっているからではないか。予感されている破局の中には、気候変動による生態系の破壊、核戦争による人類の破滅、極端な格差やそのほかの差別による社会の不安定、監視による自由への脅威、デジタル技術や生命工学による「人間」の終焉、等々が含まれる。

これらの予感された破局に直接対峙する運動は、たくさんある。が、それだけではない。

一見、そうした問題とは無関係に見える運動に対しても——特にそれが大規模化する場合には——、トータルな破局をめぐる（無意識の）予感と不安が作用しているように見える。どういうことか？

最近の——この10年ほどの——キャンペーンのよくあるパターンのひとつに、特殊な法や措置に対する反抗として始まったものが、政権の存続を揺るがすような大規模な運動や暴動へと拡大する、という展開がある。その典型が、フランスの「黄色いベスト運動《ジレ・ジョーヌ》」である。２０１８年11月から半年以上にわたって断続的に繰り返され、国中の人々を巻き込んだフランスの抗議運動だ。黄色いベスト運動の端緒《たんしょ》は、燃料価格の値上げに対する抗議である。あるいは、チリでは、２０１９年10月に地下鉄料金の値上げに抗議する大規模なデモが起こり、それがやがて、憲法の全廃と再創造の必要という主題にまで拡大していった。この種の例は、ほかにもたくさん挙げることができる。

一部の人にだけかかわる、特定のイシューから始まった運動が、大規模化し、また過激化するのは、どうしてなのか。端緒にあったもともとのイシュー（燃料価格の値上げ、地下鉄料金の値上げ等）が、隣接するイシューへと換喩的に拡張していくからである。「これだけではなく、あれも、それも……不満である！」と。

では、どうして換喩的に拡張していくのか。もともと、「これ」（だけ）が問題だったわけではないからだ。当事者も十分に意識化できてはいないのだが、ベースには、もっとトータルな破局への無意識の恐怖のようなものがあると解釈しなくてはなるまい。燃料価格等の限定された特殊なイシューは、そのベースにある破局への恐怖を活性化する発火点のようなものになっているのだ。あるいは、こう言ってもよい。燃料価格や地下鉄料金の値上げという特殊なイシューが、死活的な問題のように当事者たちに感じられるのは、その特殊なイシューが、普遍的な破局の「隠喩」あるいは「代理」として——無意識のうちに——機能していたからである、と。

*

21世紀に市民的抵抗の頻度が急激に高まっているのは、われわれの人類社会、地球社会のトータルな破局への、広く共有された不安が作用しているからではないか。このように述べてきた。だが、そうだとすると、ますます疑問は深まる。

客観的に見て、その破局から、日本社会だけが免《まぬが》れられるわけではない。予感されている破局は、何であれ、トータルでグローバルなものなので、日本社会もそこに巻き込まれている。そして、日本人も、さまざまなタイプの破局が起こりうることを知ってもいる。知識がないわけではない。それなのに、日本でだけ、市民的抵抗の運動がほとんど起きないのは、どうしてなのだろうか？[*9]

この疑問に関しては、「愚痴」のような説明がなされるのが通例だ。日本人は、とりわけ若年層から40代までの世代は、社会や世界に関心がないのだ、と。こんな言い草は、もちろん説明にはなっていない。これは、トートロジー（同語反復）である。

というより、2節と3節でその論拠を示すが、日本の若い人たちが世界をよくすることに無関心だという診断は、誤りである。私の考えでは、彼らも、世界の変革や改善に貢献したいという意欲は——諸外国の若者たちと同様に——もっている。それなのに……、と疑問はさらに深まっていくことになる。

ところで、こうした政治現象をめぐる問いが、『君のクイズ』の謎と何か関係があるのか。ある。3節で、この点を説明するだろう。

＊1　この小説は、最初『小説トリッパー』の2022年の夏季号で発表され、同じ年のうちに、朝日新聞出版から単行本として刊行された。翌23年に、小川はこの作品で、日本推理作家協会賞を受賞した。

＊2　私は次のような場面があったのを思い出す。何のテーマの回だったのか、おそらく「化粧品」だったと思うが、1人が早押しで即答すると、「不正解」のブザーが鳴った。すると、他の4人が「今のは、合

っています！」と口々に、出題側に抗議を始めたのだ。出題者より解答者たちの方が、このテーマに関してより緻密な知識をもっていたのだ。そして、不当に誤りとされたライバルを庇《かば》う解答者たちの、即席の、しかし篤《あつ》い友情が微笑ましかった。

＊3 というわけで、この論考は、『君のクイズ』のネタバレを含む。ネタバレされたくない人には、この小説をまず読むように、と強く勧めておく。ネタバレ部分は次節にある。もっとも、『君のクイズ』を読んでいなくても、私の論考を理解する上では支障はない。必要なことはすべて説明する。

＊4 Erica Chenoweth and Maria J. Stephan, *Why Civil Resistance Works: The Strategic Logic of Nonviolent Conflict*, New York: Columbia University Press, 2011. 世界中で広く読まれたこの本は、なぜか、今のところ邦訳されていない。

＊5 Mark I. Lichbach, "The 5% Rule," *Rationality and Society*, vol.7(1), January 1995.

＊6 ３・５％ということは、およそ30人に１人の比率だということになる。日本の人口で計算すれば、約４００万人である。

＊7 こちらは邦訳がある。エリカ・チェノウェス『市民的抵抗——非暴力が社会を変える』小林綾子訳、白水社、２０２３年。なお、以下に述べるチェノウェスの指摘の「日本にとっての」重要な意義に関しては、私は、経営コンサルタントで独立研究者でもある山口周氏より教えられた。以下を参照。山口周・大澤真幸「テクノ封建制を乗り越えよ」『Voice』２０２４年4月号。

＊8　先に述べたように、チェノウェスは、日本のことは気に留めてはいない。だが、インターネットやSNSが主たる要因だと解釈したら、日本社会でだけ、市民的抵抗の運動があまり起きないことを説明できないことは明らかだ。

＊9　ところで、チェノウェスは、市民的抵抗が世界各地で頻発し、増大していることを、ことほいでいるわけではない。少なくとも、この事実に希望（だけ）を見ているわけではない。チェノウェスによると、市民的抵抗は増えているが、それらが成功する確率、それが成果を上げる率はむしろ下がっている。チェノウェスの考察の中心は、どうして、成功率が下がっているのか、ということにある。だが、日本社会は、それ以前のところで躓《つまず》いている、ということになる。日本社会では、成功するもしないも、そもそも市民的抵抗自体が生起していないのだから。

2　〈世界〉ではなく、セカイで

「フリーライダー」狙い

前節で、エリカ・チェノウェスの研究をもとに、21世紀になってから、さまざまなイシューを掲げる市民的抵抗（現状の打破や変更を求める非暴力の政治的キャンペーン）の頻度が、全世界的なレベルで増加している、という事実を指摘した。しかし、日本だけ——ほとんど日本でだけ——、そのような増加は見られない。日本社会の市民的抵抗の数は、全世界での動向を思うときわめて例外的と言ってよいほどに圧倒的に少ない。市民的抵抗が、地球上のあらゆる地域で急激に増加しているのは、人類社会・地球社会のトータルな破局への不安や恐怖が基底部で——ときに意識的に、ときに無意識のうちに——作用しているからだ、と考えられる。では、日本でのみ、市民的抵抗が少ないのはどうしてなのか。このように問題を提起しておいた。

先に述べておくが、私は、とりあえずは、「日本人ももっと市民的抵抗をしましょう」

と言いたいわけではない。「市民的抵抗の顕著な少なさ」という症候から、現代の日本社会とその時代精神の本質的な特徴を探り当てようというのが、この論考の目的である。

とはいえ、少なくとも次のことは言える。世界各地で増大している市民的抵抗が、地球的な破局の予感への反応だとしたら、そしてまた日本人もそのような破局が迫っているということは知っているとしたら（いや実際、そのような「知識」は日本人ももっている）、どうだろうか。日本人は、自分たちを含む人類的な共同体が破局へと向かうのを、ただ傍観している、ということになる。いや、日本人は、きっと誰かが解決してくれるのを待っているのである。誰かが解決への道、解決の方法を見出したら、それに便乗しようと思っているのであろう。簡単に言えば、世界の「ただ乗り者《フリーライダー》」になろう、というわけである。

さて、もう一度、問おう。どうして日本でだけ、市民的抵抗の増加が見られないのだろうか？　これには、日本人は、とりわけ40代程度までの世代の日本人は、社会を変革するような政治的な関心をもたないからだという「説明」が与えられることが多い。この「説明」は、トートロジカルで説明になってはいないのだが、それ以前の問題がある。

日本の若い人は、世界をよくすることに無関心である、という診断は誤りである。日本人であろうとなかろうと、誰もがまずは、少なくとも自分が直接に実感できる生活圏や親密圏に関しては、それを快適なものにしたい、幸福なものにしたいという願望をもっている。その上で、一部の人——少なからぬ「一部の人」——が、そうして生活圏や親密圏を超えて広がる社会や世界の改善に寄与しようと考え、また行動する（選挙で一票を投ずることもすでにそうした行動のひとつである）。そのような「一部の人」の比率が、日本人だけ極端に少ないということはない。私はそのように推測している。

セカイ系

日本人も——とりわけ日本の若い人も——、世界の変革や改善に貢献したいという意欲は、もっている。自分の人生がそのような意味を担っていたらすばらしいことであり、すてきなことであるという思いをもっている人は、たくさんいる。その証拠のひとつ、私がそのように考える根拠のひとつは、日本の漫画やアニメに頻出する、「セカイ系」と呼ばれている物語類型である。

セカイ系とは、次のような構成をもつ物語である。主人公はたいてい、思春期の親密な男女である。彼らに突然、世界や人類を、破滅やあるいはそれに類する危機から救出する使命が与えられる。自分たちにそのような使命があったということを突然、自覚せざるをえないことになるのだ。こうした展開に一貫性を与えるために、主人公たちは——主人公か、そのパートナー、もしくはその両方が——一種の「超能力」をもっていた、ということにしなくてはならない。

　セカイ系の漫画やアニメは非常にたくさんある。「セカイ系」などという言葉を知らなくても、多くの人が楽しんでいる大ヒットした漫画やアニメの多くがセカイ系である。たとえば、新海誠《しんかいまこと》監督のアニメは、ほとんどセカイ系である。『君の名は。』（２０１６年）もセカイ系の代表作だ。このアニメの主人公は東京で暮らす男子高校生の瀧《たき》と飛騨《ひだ》地方の山深い田舎町である糸守《いともり》に住むやはり高校生の少女・三葉《みつは》である。二人は、友人でも親戚でもなく、アカの他人同士なのだが、なぜか、互いの身体が入れ替わる——心だけが遠く離れた相手の身体の中に入ってしまうという奇跡が双方で起きる。予想通り、二人は純愛の関係に入る。やがて、通常の「歴史」の展開だと、三葉の故郷である糸守に、隕石が落下して、集落が全滅することになっていることがわかる。瀧と三葉の二人は、身体の入れ替えと（時間を遡行《そこう》する）タイムトラベルの能力を使って——三葉の高校の友人の協力をも得ながら——、糸守の人々を、隕石が落下する前に避難させることに成功する。……これは、典型的なセカイ系の物語である。救出の対象になっているのが、人類全体や日本人全部でさえなく、糸守という小さな共同体であるということは、ここではさして重要なことではない[*1]。

　新海監督の最も新しい作品、『すずめの戸締まり』（２０２２年）もセカイ系に属する。

主人公は、宮崎県の小さな町で暮らしている女子高校生の岩戸《いわと》鈴芽《すずめ》である。彼女は、宗像《むなかた》草太《そうた》という青年——教育学部の大学生——と出会う。やがて宗像は、「閉じ師」の家系の者であることが明かされる。この家系の者は代々、日本全国の廃墟《はいきょ》にある「扉」を閉じるという、知られざる使命を負っている。扉を閉じないと、地下の大みみずが暴れ出し、日本列島が大地震に見舞われるらしい。『すずめの戸締まり』は、鈴芽と宗像が協力して、戸締まりをする話である。

ついでに指摘しておけば——あからさまなので言わずもがなのことではあるが——、このアニメの場合は、天皇や神話的皇統への連想をともなっている。鈴芽の姓の「岩戸」は、「天《あま》の岩戸」に通じている。天の岩戸の場合には開けることこそが重要だったが、このアニメでは、閉じることが課題となっている。いわば、陰の天皇のようなヒーローが、世界の綻《ほころ》びのような穴を閉じてくれているので、日本人は、この列島の上で安全に暮らすことができている、というわけである。

セカイ系とは何か、具体的なイメージを得てもらうために、新海誠の有名な作品を紹介したが、セカイ系の作品は非常にたくさんあって、ありふれている。『鬼滅《きめつ》の刃《やいば》』もセカイ系に分類することができるだろう。ここで考えるべきは、この種の作品を享受する者の心性や態度である。彼らももちろん、自分も、世界の救済や変革にコミットしたいと思っているはずだ。少なくとも――幻想の域に属するものだとしても――そのような願望はもっているだろう。セカイ系の作品を享受する者たちは、世界の救済の活動にかかわる主人公に憧れをもっているはずだ。そして、自分の人生も、人類の幸福につながるような世界の改善に貢献しているとしたらどんなにすばらしいだろうか、と思っているに違いない。

なぜ非現実になるのか

日本のアニメや漫画の業界で、数多くのセカイ系の作品が製作され、そしてしばしばそれらは興行的にも成功する。つまり、きわめて多くの人に読まれ、視聴され、消費される。この事実は、日本人もまた世界を改善したり、変革したりすることへの強い意欲をもっていることを示している。

が、しかし、問題はその先にある。世界を救済したり変革したりする使命を帯びた主人公を設定すると、その物語は、超能力が使われたり、異界が出てきたりする非現実的なファンタジーになるのだ。それらを思いつく作者の想像力には驚嘆するが、設定されるセカイは、現実の〈世界〉と有効なつながりをもたない。

どうしてなのか。どうしてそうなるのか。〈世界〉にかかわりたい、全体としての〈世界〉に意味ある貢献をなす人生でありたい、という願望はある。しかし自分と〈世界〉とのつながりに実感をもてないとしたらどうだろうか。自分が〈世界〉に実質的な影響を与えうる主体だという確信をもてないとしたらどうだろうか。このとき人は、〈世界〉とは完全に切断された虚構のセカイを構築し、願望を代理的に満たすことになるのではあるまいか。

ついでに付け加えておけば、セカイ系と一部は重なりつつ、アニメや漫画の世界で、異世界への転生《てんせい》ものが流行している。主人公が、いきなり、まったく非現実的な異世界に、思いもよらぬものに転生してしまう、という話である。それならば、「転生」などという設定にせずに、最初から、主人公を、その非現実的な主体としておけばよいのに、「転生してそうなった」という想定で物語が展開していく。ここにも、今、セカイ系に関して述べたのと同じような論理が、現実の〈世界〉に代えてセカイを構築させたのと同じ論理が作用していると考えてよいだろう。

本来は〈世界〉であるべきものがセカイへと置換されているという解釈を支持する傍証は、セカイ系のフィクションに見られる、物語の主題との関連では一見非本質的な、現実への強いこだわり、現実への強い執着である。もともと物語の根幹には、タイムトラベルとか、天気を操作するといった絶対にありえない超能力があるのだから、厳密には、どこの時代のどの地域ともわからないように状況を設定してもよいはずだ。『風の谷のナウシカ』の「風の谷」や『ロード・オブ・ザ・リング』の「中つ国《なかつくに》」のように、現実のどことも特定できない虚構の時空間で十分だ。漠然と、「核戦争後の地球っぽい場所」とか、「中世ヨーロッパ風の雰囲気のある時代」とか、その程度のことでよいはずだ。

しかし、セカイ系の作品は、しばしば、まったくのフィクションであるにもかかわらず、現実の場所や風景を正確に模写しようとする。この駅が糸守の駅のモデルであるとか、この階段で瀧と三葉はすれちがったのだ、と正確に特定できるほど緻密に現実の風景や建物が写実的に描かれている。そして、これらの場所が、ファンたちにとって「聖地」となり、彼らをそこへと「巡礼」させることになる。それら現実の細部へのこだわりは、物語の根幹的な展開にとっては、何の意味もない。にもかかわらず、作者も、享受者も、セカイに組み込まれた現実のそうした断片にこだわっている。どうしてなのか。これは、セカイが〈世界〉の代理物であることを示しているのではないか。全体としては、極端なフィクションなのに、細部だけは、異様に写実的である。このセカイに露出する現実の断片は、ほんとうは、〈世界〉に対して有効でありたいという欲望が残した痕跡であろう。

＊

日本の漫画やアニメの主人公は、高校生が多い。セカイ系の物語に関しては、ほとんどすべて高校生である、と言っても過言ではないほどだ。高校生（だけ）を読者や鑑賞者として想定しているわけでもないのに、主人公はほとんど常に高校生になる。社会人であることもないし、大学生であることさえもない（『すずめの戸締まり』で宗像が大学生だが、これはかなりレアなケースで、この作品でも主人公である岩戸鈴芽は高校生である）。どうして、主人公は高校生なのか？　それには、おそらく製作者すら十分に意識していない理由がある。

大学生は、卒業したらすぐに社会人である。つまり大学生は、直接的な社会人予備軍だ。大学生は常に、自分が社会人として現実の社会の中でどのような職業に就くか——何をやりたいか、何ができるか——を考えており、実際に就職活動は在学中に始まる。社会の中にすでに位置づけられようとしている者に関して、〈世界〉の全体に何らかの貢献をする使命をもっているというイメージを、現代の日本人はどうしてももちにくいのだ。

もちろん、小学生程度の幼い子どもであれば、ファンタジーのセカイの中で遊び、その中でヒーローとして活躍しているということを夢想しても、それはそれで問題はなく、微笑ましいことである。が、それでは困るのだ。主人公は、すでに大人の自意識をもっていなくてはならない。すると、虚構のセカイに埋没させても愚かしく見えないギリギリの高い年齢として、現実の社会からまだ隔離されている高校生が設定されざるをえない。こうして、セカイ系の主人公は全員、高校生になる。

脱線――『党生活者』の夫婦とセカイ系のカップル

ここで、本筋から少し離れて脱線したいという誘惑を抑え難い。セカイの救済にかかわることになったセカイ系の主人公たち――思春期の純愛関係にある男女――と、現実の「革命」を引き起こそうとした（ことになっている）戦前日本の左翼活動家とを少しばかり対比してみたいのだ。ここで念頭にあるのは、プロレタリア文学の旗手とされた小林多喜二の小説『党生活者』である。『党生活者』は、小林多喜二の代表作とされている。発表されたのは、彼の死の2カ月後であった（1933年の『中央公論』4月号・5月号）。この作品に注目するのは、この作品が、戦後すぐに「ハウスキーパー論争」なる論争を引き起こしたからである。

『党生活者』は次のような話である。主人公の「私」は左翼の活動家で、自分が勤めている工場の労働者に働きかけて、「戦争反対」などを訴えている。彼は、官憲の目をくらますために、「笠原」というタイピストと同棲することにした。「笠原」は、しかし、「私」が党活動のために夜になると出かけたりして忙しくしているため、一緒に暮らしていても散歩にも出てくれない等と、普通の妻や恋人が抱くような不満をもって、「私」を責める。しかし、「私」は、このような「笠原」の態度に不快なものを感じる。「私」の言い分は、

「笠原」は「私」の犠牲になっていると思っているようだが、「私」こそ、自分の人生すべてを日本人の解放のために犠牲にしている（それさえも、幾百万の労働者や貧農の日々の生活での犠牲に比べたらもののかずではないのだが）……、というものである。

今、「私」の活動の具体的な部分は省略し、ここでの考察に必要な部分だけ『党生活者』の内容を紹介した。戦後1年余り経ったとき、文芸評論家の平野謙が、この小説の主人公の「私」の態度を批判した。「笠原」は「私」の妻ではなく、単に性欲の処理と家事とを押しつけられたハウスキーパーに過ぎないではないか、と。これに対して、中野重治や宮本顕治といった日本共産党の文学者たちが、「私」を擁護する論陣を張った。「笠原」は「私」のちゃんとした妻であり、「私」はひそかな苦悶を感じながら、「笠原」を扱っているのだ、と。そして「私」の苦悶は、人間解放の運動の大義とその苦戦のことを考慮に入れて評価すべきである、と。

この論争に対して、吉本隆明は短いエッセイ「党生活者・小林多喜二」で、どちらの主張もくだらない、と一刀両断にしている。「ここにえがかれた『私』と『笠原』とのあいだの葛藤のようなものは、小市民であると労働者であるとにかかわりなく、日常生活のあいだにしばしば起り、たれもが黙って解決している程度のものだ。とくに深刻でもなければ、特殊でもないのである」と。[*2]

まさに吉本の言う通りである。大論争をするほどの問題ではない。が、ここでは、『党生活者』がセカイ系と同じ形式の構図の中で物語を展開させていることに注目しておきたい。親密な関係の男女がいる。そして主人公は、世界の解放や変革にかかわる大義を有している。しかし、『党生活者』は、次の三点において、セカイ系と正確に対照的である。

第一に、『党生活者』は、最も基本的な点でセカイ系とは正反対だ。『党生活者』の「私」とその仲間は、ファンタジーのセカイではなく、まがりなりにも現実の〈世界〉に関与している（それが有効な実践になっているかは別問題だが）。第二に、主人公の「私」にとって、〈世界〉の変革にかかわる大義こそが重要であって、女（「笠原」）との関係は、その大義のための道具に過ぎない。第三に、そのくせ、「私」は、ほんとうは「笠原」との関係に物質的にも精神的にも深く依存していて、彼女との関係なくして、大義のための闘争も行えない。

＊

これら三点に関して、セカイ系では次のようになっている。第一に、主人公たちは、現実の〈世界〉ではなく、虚構性の強いセカイにかかわっている。第二に、セカイ系の作品を読んだり、観たりしたときに、どうしても受けざるをえない印象は、主人公たちにとっては、ほんとうに大事なのは、自分たちの純愛の関係であって、セカイの救済という使命は、本来あってもなくてもよいような付属品ではないか、ということである。

　こうした線にすなおに従っている作品が、新海誠監督の『天気の子』である。先ほど、『君の名は。』と『すずめの戸締まり』という二つの新海作品を紹介したが、両者の間にもう一作あり、全体で三部作のようになっている。その「間の一作」にあたるのが、2019年の『天気の子』だ。これもセカイ系の作品だが、自己否定的とも言うべき、変則的なセカイ系になっている。主人公たちが、セカイの救済にかかわる能力の行使を、あえて拒否する物語になっているのだ。このアニメの主人公は高校1年生の少年帆《ほ》高《だか》である。彼は神津《こうづ》島《しま》に暮らしていたが、家出して東京にやってくる。東京で、天気を操作することができる――祈るだけで「晴れ」の天気をもたらすことができる――ふしぎな力をもつ少女、陽《ひ》菜《な》に出会う。最初、二人は陽菜のこの能力を利用して金儲けをしたりするのだが、やがて、この力を使いすぎると陽菜が消滅する（死んでしまう）ことがわかる。二人は、自分たちの恋を優先して、この超能力の行使を封印する。そのため、最後の場面では、東京は――おそらく気候変動による異常気象で雨が降り続いたため――半分水没している。

　主人公たちにとって、セカイの救済と思春期の男女の恋とどちらが大事なのか、と言えば、後者である。自分たちの恋さえ成就するならば、セカイなどどうなってもよい、というのが彼らの本心である。彼らが、この「本心」にすなおにしたがって、セカイを致命的な災難から救おうという「偽善」を放棄するとどうなるか。『天気の子』のような話になる。

が、私たちは、『天気の子』という自己否定的なセカイ系の後に、結局、『すずめの戸締まり』という普通のセカイ系作品が帰ってきたことを知っている。鈴芽と宗像は、自分たちの恋を優先させて、日本列島が地震で大きな被害を受けてもかまわない……とはせずに、命がけで「戸締まり」をする。結局、二人の間の恋だけに充足することはできないのだ。セカイ系の男女は、セカイのための使命を果たさずにはいられない。

と、いうわけで、『党生活者』との対比の第三の論点になる。『党生活者』では、「私」は、女との関係は本来の目的のための手段に過ぎず、女をないがしろにしているようでいて、実際には、彼女への依存を断ち切ることができない。対照的に、セカイ系では、純愛の方が大事なはずなのに、セカイにかかわる使命を捨てられない。セカイについての大義なしには、そしてその大義のために己を犠牲にしない限り、その中に恋愛を組み込んだ物語は成り立たないようだ。

「認知地図」の歪み

さて、本筋に戻ろう。ここまでの考察は、どうして日本人は市民的抵抗などの世界を改変・改善するための運動に積極的にコミットしようとしないのか、という疑問に対して、一定の仮説的な回答を示唆している。

〈世界〉にかかわりたい、全体としての〈世界〉に対して少しでも意味ある貢献をなすような人生を生きたい。そのような意欲や願望は、日本人にもある。しかし自分と〈世界〉とのつながりに実感をもてない。言い換えれば、〈世界〉の中に、自分がそこから〈世界〉にかかわっているという実感をもてる場所、つまり主体としての自己の場所を見出すことができない。自分が〈世界〉に有効な影響を与えうる主体だという確信をもてない。このとき人は、〈世界〉とは切断された虚構のセカイを構築し、そこで、〈世界〉に貢献したいという願望を代理的に満たすことになる。

そうだとすると、どこに問題があったのか？　日本人のどこに困難があったのか？　日本人の〈世界〉に対する主体的な態度を規定している「認知地図」にある歪みがある、と見なさざるをえない。その歪みのため、自分は、〈世界〉に有効な影響を与えうる場所をもたない、主体としての自らの場所が〈世界〉の中にはない、つまり〈世界〉から疎外されている――〈世界〉の片隅に追いやられている――、と感じざるをえない。それゆえに、〈世界〉に貢献したいという意欲や願望はあるのだが、それが行動になることはない。代わりにフィクションに没入し、その意欲や願望はそこで代理的に満たされることになる。

＊

ここで考察を深化させるために、ジャック・ラカンから借用した概念の区別を導入しよう。ラカンは、「事実への態度」と「真理（真実）への態度」との違いについて述べている。事実を知ること（savoir, knowledge）と、真実（vérité, truth）へのかかわりとは異なる、と。[*3] 知も真実もともに、普遍的な妥当性への要求をもっている。「この知は正しい（事実と合致している）」「これはまさに真実である」と主張するとき、これらの言明は、その知なり、真実なりが普遍的な妥当性をもつとの含意をともなっている。では、何が知と真実を分けるのか。真実の方には、それを語る主体の、語られた内容に対するコミットメントが含まれているのだ。

知と真実は、（語られている）内容に関しては、同じである場合が多い。しかし、必ずしも常に合致するとは限らない。たとえば小説であれ、漫画や映画であれ、そこにまさしく（作者の）真実が描かれている、と思うことがある。それらはフィクションなので、事実との関係では「嘘」である。しかし、真実である。あるいは、私たちが、「この詩には真実がある」と述べるときにも、詩に事実が正しく記述されている、ということを意味しているわけではない。

ハンナ・アーレントはあるところで、現代社会における、親の子に対する正しい態度ということに関して、次のような趣旨のことを述べている。[*4] 現代社会は複雑で、この先、何が起きるのかまったく予想ができない。これから社会に出ようとする子どもは不安で、親に尋ねるだろう。「お父さん、これからどうなるのだろう?」。ほんとうは親の方だって、この先のことはわからない。正直に、子に「こっちだってわからない、自分で考えろ」と言うべきか。アーレントによれば、そう答えるべきではない。「だいじょうぶだよ。安心しなさい。お父さんにはわかっている」等と答えるべきである。そうでないと、子は勇気をもって社会に出ていくことができないからだ。アーレントが示唆している親の態度は、「知」の基準では嘘だが、しかし真実である。そこには、親としての責任、親として果たすべき主体性が含意されているからである。

さて、この「知/真実」というラカンの区別を活用すると、日本人と〈世界〉の関係について次のように言うことができる。日本人は、〈世界〉がどのようであるかを知ってはいる。しかし、〈世界〉を真実としては認識できていない。〈世界〉という像の中に、自らの主体性が書き込まれているようには感じられていないからだ。

では、どのようなときに、〈世界〉を真実として捉えられるのか? 〈世界〉についての認識が、知識を超えた真実になるのは、どのようなときなのか? 〈世界〉から私が呼びかけられている、〈世界〉から求められている、〈世界〉から問われている、と感じられているときである。このとき、〈世界〉の認識は、〈世界〉への応答responseである。それゆえ必然的に、その認識には、私の主体性が、私の〈世界〉に対する責任＝応答可能性responsibilityが書き込まれることになる。[*5]

この考察はまだ続く。前節の冒頭に引いた『君のクイズ』が、この主題とどう関係しているのかも、まだ説明してはいない。

*1　おそらく、新海誠監督は、少し「遠慮」して、話を小さくしたのである。

*2　吉本隆明「党生活者・小林多喜二——低劣な人間認識を暴露した党生活記録」『国文学　解釈と鑑賞』（至文堂）26巻・6号、1961年5月。

*3　Jacques Lacan, *Le Séminaire, Livre XIX,…ou pire*, texte établi par J.-A. Miller, Paris: Seuil, 2011, p.17.

*4　ハンナ・アーレント「教育の危機」『過去と未来の間』引田隆也・齋藤純一訳、みすず書房、1994年。

*5　哲学的なことを付け加えておこう。これは、ジル・ドゥルーズが、「記号signe」と呼んだものと関係している。ドゥルーズは、「記号《シーニュ》」という語を、独特の意味で使っている。「記号《シーニュ》」と対比させられている

のが、「表象représentation」である。簡単に言えば、表象は知に対応しており、記号《シーニュ》は、真実に対応している。そこに現れていることが、潜在的な問いとの関係で、答えの試みとして認識されるとき、それは「記号《シーニュ》」である。たとえば、「国家」という概念。これを、一定の領域に住む人々を統治するための制度や機構を記述するものだと見なせば、それは表象の一種である。それに対して、「互いによく知ってはいない、一定の領域に住む人々の間に、政治的な意志をもった共同性をいかにして構築するのか」という問いに対する、(不完全な)回答であると解釈するならば、それは「記号《シーニュ》」である。

3　「オタク」から「クイズ」へ……しかし……

オタク——〈世界〉ではなく「世界」

さて、私たちは、セカイ系という、漫画やアニメの特殊な類型を素材にしながら考えてきた。私の主体的なポジションをその中に見出すことができるような〈世界〉を実感できないとき、〈世界〉は、非現実的なセカイに置き換えられる、と論じてきた。ところで、アニメや漫画の熱心な享受者は、いわゆる「オタク」の典型である。これから、セカイ系の物語の享受者・消費者について述べてきたことを、一般化することができる、ということを示そうと思う。すなわち、オタクという態度そのものにおいて、セカイ系で見出したのと同じ形式の〈世界〉の置き換えが生じているのだ。どういうことか?

オタクなる風俗が、日本社会に最初に登場したのは、1970年代の末期だと考えられる。「おたく」という語自体は、1983年に造られたことはわかっている。発案者は、中森明夫である。中森は、その数年前から始まっていたコミックマーケットを初めて見学してびっくりした。そこに集まってきている若者たちが、互いを呼び合う二人称として――中産階級の主婦が主に使ってきた――「おたく」という語を使用していることに、である。そこで、中森は、彼らを「おたく」と名づけた。今では、二人称の代名詞として「おたく」を使用しているオタクはそんなにはいないだろうが、いずれにせよ、この語は、新しく登場してきたこれらの若者のイメージを的確に表現していたのだろう。「おたく」という名称は、完全に定着した（ここでは「オタク」とカタカナで表記する）。

名前が与えられたときには、すでにそれに相当する現象は始まっていたのだから、オタクの端緒は、1983年よりも何年かは遡《さかのぼ》ることになる。いずれにせよ、オタクは、1980年頃に若者だった世代《コーホート》から生まれた（ということは、中森明夫も、私自身も、この最初のオタクがそこから生まれた世代に属していることになる）。その世代も今や、還暦を過ぎている。今日では、オタクは若者の風俗とは言えない。最初は、とてもめずらしい人のように見なされ、「おたく」という語にも、軽い蔑称《べっしょう》のような含みがあった。しかし、今日では、誰がオタクか、などということを人はあまり気にしない。何かのオタクであることはごく普通のことになり、ほとんどの日本人が、多かれ少なかれオタクだからである。

だが、オタクを、「何かに関する熱心な趣味をもつ人」という意味でとるならば、そんな人はいつの時代にも、どこの国にもいるのではないか。1980年前後に、突然、日本社会に出現したかのように見るのは、おかしいのではないか。
そうではない。オタクは、どこにでもいる熱心な趣味人とは違うのだ。どう違うのか。[*1]

＊

オタクは、彼または彼女が関心をもっている主題領域（テーマ）――アニメ、漫画、鉄道、ラーメン等々何でもよいのだが――に関する、ある独特な認知的な態度によって特徴づけることができる。その主題領域に関する情報の密度は極端に高いが、意味の密度としては極端に低く、ほとんどゼロであるというアンバランス、これがオタクを特徴づけている。

オタクは、その主題領域に関して、非常に細かいことまで知っている。これが、情報の密度が高いということである。だが、オタクが、自分が関心をもっていることがらについて、細々とした知識を熱心に開陳しているのを聞いたとき、さしてその主題領域に興味がない部外者の最初の反応は、「それで？」「それがどうした？」というものではないか。「あれとこれとは、微妙に違っているんですよ」と言われれば、なるほどそうなのかとわかるわけだが、「それにどんな意味があるの？」という疑問をもってしまうのだ。これが、その情報が意味的には希薄だ、ということである。普通は、大量の情報が蓄積されたり、情報の精度が高められたりするのは、そのことが有意味だからである。つまり情報の密度と意味の密度の間には、正の相関関係があるのが普通である。しかし、オタクの知識に関しては、そのような相関関係はない。情報的には高密度だが、意味的には希薄である。

意味と情報とはどう違うのか。その情報が（どのような）意味をもつのか、ということは、常に「より広いコンテクスト」との相関で決まる。ある情報的な差異が、「より広いコンテクスト」の中で価値をもつとき、その情報的な差異に意味がある、と感じられる。たとえば、マルクスの全著作を若い頃に書いたものから晩年の著作までつぶさに見ると、ある時期までは「疎外Entfremdung」という語が頻繁に使われていたのに、やがてあまり使われなくなっていることがわかる。それに代わって、「物象化Versachlichung, Verdinglichung」という語がよく使われるようになる。この情報は、マルクス・オタクの知識と言うべきか。違う。この概念の交替には、マルクスの著作の内部にとどまらない含意があるからだ。マルクスが疎外概念を中心に議論を組み立てていることと、物象化概念を中核にして議論を組み立てていることとの間に、もし実質的な違いがあるのだとすれば、そのことは、資本主義の理解、コミュニズムの理解、革命のやり方についての理解等々に影響を与える。この情報は、マルクスの著作群を超えた包括的なコンテクストの中で、意味をもつのである。

オタクの知識に関しては、そのようなことが成り立たない。その知識を構成している大量の情報は、より広いコンテクストの中で何らかの意味をもったりはしないのだ。むしろ、オタクは、その情報が、それ以上の何かの「意味」をもつことを積極的に拒んでいるようにすら見える。それはそれであって、それ以上の意味などもってはならないのだ。どうして？　オタクが関心をもっているその主題領域を超えるコンテクスト、その主題領域を包摂するより広いコンテクストなど存在しない――存在してはならない――からだ。言い換えれば、オタクが関心をもっているその主題領域は、オタクにとっては、すでにひとつの世界である。世界とは、それがすでに完全に包括的な領域であって、その外部が存在しない、ということである。

もちろん、オタクは、自分が関心をもっているその主題領域が、現実の〈世界〉の中のごく小さな部分、限定的な特殊領域であることをよく知っている。鉄道オタクは、鉄道がすべてではないことは、もちろん知っている。ラーメン・オタクは、ラーメンがすべてでないことを、よくよく理解している。それにもかかわらず、その主題領域をあたかも包括的な「世界」であるかのように扱うこと、これがオタクという現象である。現実の〈世界〉が、「世界」（主題領域）に置き換えられているのである。

繰り返せば、オタクは、自分が興味をもっているその主題領域が、〈世界〉の中のきわめて小さな部分、〈世界〉の中の特殊で限定的な領域であることについては、よく自覚している。ゆえに、オタクの態度において、極限の全体性（世界性）と極端な部分性との間の短絡が生じていることになる。オタクは、興味をもっているその主題領域の部分性を知りつつ、あたかもそれが包括的な全体であるかのようにふるまう。オタクのその趣味に対する態度は、「アイロニカルな没入」の形式をとっている。「アイロニカルな没入」は、ペーター・スローターダイクやリチャード・ローティが述べていることに触発されて私が造った言葉だが、「そんなことはわかっている、しかし……」というねじれによって特徴づけられるコミットメントのやり方である。「それが世界でないことはわかっている、しかし世界であるかのように扱おう」と。

この縮減はなぜ生ずるのか

オタクの「アイロニカルな没入」において、〈世界〉は「世界」へと縮減される。ちょうど、セカイ系のアニメや漫画において、〈世界〉がセカイに置き換えられたように、オタクたちは、それぞれが関心をもった主題領域を「世界」と見なして、その「世界」を〈世界〉の代理物とする。だが、オタクたちはどうしてこんなことをしなくてはならないのか？　なぜ〈世界〉の「世界」への縮減が必要だったのか？　次のように考えればよい。

私は、〈世界〉とのつながりを実感することができない……としよう。つまり私は、〈世界〉から呼びかけられたり、問いかけられたりしているようには感じられない。私は、ほんとうは〈世界〉から呼びかけられたい。しかし、〈世界〉からの声は聞こえない。ということは、私は〈世界〉から見捨てられているのではないか。〈世界〉は私に無関心なのではあるまいか。

このような不安があるとして、これにどう対応すればよいのか。〈世界〉そのものを、いわば感性的に小さくしてしまえばよいのだ。つまり、自分がそれに関しては直接の快楽を覚えることができるようなテーマ、自分がことのほか魅力を感じてしまうような主題領域を、「世界」としてしまえばよいのだ。「世界」からならば、この私は呼びかけられているように感じる。私がこの「世界」をこんなにも好きで、私がこの「世界」にこんなにも惹きつけられているという事実、これこそ、「世界」が私を呼んでいる何よりもの証拠ではないか。たとえば私はラーメンが非常に好きで、わずかな味の差異にも敏感だ……としよう。美味しいラーメンについての噂を聞けば、一日を潰してその店に行くのも、まったく苦痛ではない。お気に入りのラーメンを食べるためなら、何時間でも行列に並ぼう。ということは、まちがいなく、ラーメン界は私を呼んでいる、私を求めている……。

このようにオタクたちは、〈世界〉から呼びかけられているという幻想を、「世界」を通じて得ることができる。これが――たとえばラーメン界が――世界ならば、私はまちがいなく、世界から呼びかけられていることになるだろう。

ここで、前節で導入した「知／真実」という区別を適用しよう。オタクが「世界」に関して認識していることがらは、客観的に見れば、「知」である。それは、一種のデータベースのようなものだからである。しかし、オタク自身にとっては、その知は「真実」の輝きをもったものとして感受される。なぜなら、オタクである私は、その知、その情報を愛しているからだ。つまり、その知に、私の主体的なコミットメントが書き込まれているのを感じるからだ。客観的には「知」であるものが、オタクの主観においては「真実」になる。

クイズ――「オタクのオタク」

本来の問いに回帰しよう。日本社会で、極端に市民的抵抗の頻度が少ないのはどうしてなのか？　ここまでの考察が示唆する仮説は、次のようなことである。

日本人も、自分の人生が、〈世界〉の変革や救済に貢献するようなものでありたいという願望はもっている。というか、〈世界〉から呼びかけられたい、問いかけられたいと思っているのだ。しかし、〈世界〉からの呼びかけ、〈世界〉からの問いかけを実感することはできない。どうしてその種の呼びかけ、問いかけが、日本人にはことのほか聞こえないのか。その原因については別途、究明されなくてはならない。今はこの点については不問に付しておこう。ともかく、日本人としては、〈世界〉から呼びかけられれば、それに応答したいのだが、そもそも呼びかけられているようには感じられない以上は、「応答」に対応するような行動は引き起こされない。

〈世界〉からの呼びかけが欲しいという渇望は、〈世界〉を、虚構のセカイや、オタク的な「世界」に置き換えることで満たされる。それらの〈世界〉の代理物からならば、自分が呼びかけられ、必要だと求められているように感じられるのだ。それらの呼びかけに対してならば、日本人は、熱心に応答している（たとえばオタク的な趣味に打ち込んでいる）。だが、応答先になっているのは、セカイや「世界」である。それらは、現実の〈世界〉ではなく、ヴァーチャルな実体だ。したがって、応答は、現実に対して効果をもつような思想や実践をとることはない。もちろん、何らかの市民的抵抗にもならない。

＊

ところで、「クイズ」の話はどうなったのか？　1節の冒頭で紹介した、小川哲の『君のクイズ』の衝撃的なシーンと、ここまでの議論とはどんな関係があるというのか？『君のクイズ』が提起している謎解き——どうして本庄絆が問題を聴くこともなく正答できたのかという謎に対する説明——が、私たちのここに提起した仮説を裏打ちするものになっているのである。

まずクイズとは何であろうか？　競技《スポーツ》としてのクイズに情熱を傾けるクイズプレイヤー

とは何であろうか? クイズプレイヤーもオタク、クイズオタクではあるが、通常のオタクとは異なっている。結論的に言えば、クイズプレイヤーは、「オタクのオタク」、つまり「メタオタク」である。通常のオタクの限界を乗り越えたときに出現するのが、メタオタクとしてのクイズプレイヤーである。

どういうことか。ごくシンプルなことである。オタクがかかわる「世界」は、〈世界〉のごく小さな断片であり、真の世界の――普遍的・全体的な〈世界〉の――一特殊領域でしかない。先ほど強調したように、そのことをオタク自身もよく自覚している。では、ほんものの〈世界〉に到達するにはどうしたらよいのか。その「部分=世界」をすべて合わせれば、つまり部分の集合を作れば、「世界」の集合を構成すれば、それは本来の全体性に、〈世界〉に戻るのではないか? こうして「オタク」の集合そのものに対して均等に関与しようとするオタク、クイズのオタク、情熱的なクイズプレイヤーが生まれる。本庄絆は、「世界を頭の中に保存した男」「万物を記憶した男」と呼ばれているのであった。

『君のクイズ』の中に、主人公の「僕」(三島玲央)が、日本刀オタクの女子(刀剣女子)と恋愛関係に入るエピソードがある。二人は同棲までするのだが、結局、(女性の方の要請で)別れてしまい、結婚にまでは至らないのだが、いずれにせよ、二人は一時とてもよい関係に入る。刀剣女子は、日本刀のことを熱く語りたいのだが、周囲にそんな話をおもしろがってくれる人はいないために、寂しく感じていた。しかし、「僕」は、クイズのために日本刀についてもかなりの知識をもっていたので、彼女と話が合ったのだ。その刀剣女子は、「僕」のことを「キャパくん」と呼んだ（どんな話題にもついていけるキャパシティがあるからである）。このエピソードは、メタオタクとしてのクイズプレイヤーと通常のオタクとの関係をよく表している。「キャパくん」であるクイズオタクは、通常のオタクを、部分集合のように包摂しているのだ。

それは私への問いかけだった——君のクイズ

さて、本庄が問題も聴かずに出した正解は、「ママ．クリーニング小野寺よ」だった。これは、山形県を中心に店舗を構えるクリーニングチェーンの名前である。ユニークなローカルCMなどによって、山形県に住んでいる者の間ではよく知られているらしい。そして、本庄は、一時期、山形県に暮らしていたことがあるのだ。

が、それにしてもどうして、本庄は問題文を一文字も聴かずに、答えがわかったのか。「僕」は、最後にこの謎を解く。実は、Q－1グランプリの出題者は、それぞれの解答者、つまり個々のクイズプレイヤーに合わせて問題を作っていたのだ。クイズプレイヤーの過去の解答等から、それぞれのクイズプレイヤーの人生がどのようなものだったのかが断片的にわかる。それぞれの解答者の人生は、それぞれ固有の物語を構成しているわけだが、その物語に登場するさまざまな出来事、さまざまなアイテムに関連する問題が出されていたのである。他の人たち――他のプレイヤーや視聴者――から見ると、そうした問題への解答は、きわめて周辺的で細かな知識に感じられるが、問題の宛先になっていた解答者にとっては、なじみのことである。

Q－1グランプリ決勝でも、ある問題は本庄向けに作られており、ある問題は三島（「僕」）向けに作られていた。本庄に有利な問題が多かったわけではない。同じ数だけ、三島を宛先にした問題もあった（たとえば、千葉駅前交番のモチーフにもなっている生き物は何かという問題があったのだが、それは、中学生のときに千葉駅で財布を拾い、友人と届けたことがある三島に圧倒的に有利な問題であった）。

「僕」は、番組出演中には、このことにまったく気づいていなかった。後で番組の録画ビデオを繰り返し観たりしているうちに、初めてこうした出題傾向に気づく。しかし、本庄絆の方は初めから、このようなタイプの問題が出されるだろうということを予想していた（番組側から教えられていたのではなく、自力でそう推測していた）。本庄は、公平に自分と三島のそれぞれを宛先とする問題が出されているとすれば、次は自分のための問題になることを読んでいたのである。ではなぜそれがほかならぬ山形県に関連した問題になるかということについては、さまざまな事情があるし、ほかにも、問題を読み上げるアナウンサーの唇の微妙な初動から単語を類推するなどの超人的なテクニックが関与しているのだが、私たちのここでの考察にとっては、それほど重要なことではない。ともかく、本庄は最初から、次は自分に宛てた問題が出されるということを知っていた。そのことが最も重要な手がかりとなり、彼は、出題前に問題を察知し、正解まで得ることができた、というわけだ。

＊

以上が、このミステリーの謎解きなのだが、私たちが考えるべきことは、その先にある。実際に、こんなことはあるのだろうか。つまり、クイズ番組のひとつずつの問いが、それぞれの解答者の人生の細々とした断片にチューニングするように作成されている、ということがあるのだろうか。私は、クイズの業界についてては何も知らないが、おそらくは、実際にはそんなことはないだろう。なぜなら、このやり方は「やらせ」ではないにせよ、視聴者を欺いていることにはなるからだ。視聴者は、プレイヤーがあんなに細かなことまで知っていた、ということに驚嘆するわけだが、プレイヤーが元山形県住民であることを前提にした問いであったということになれば、白けるだろう。

だから、『君のクイズ』が暴いた設定は、クイズ番組の実態とは異なる。それは事実ではあるまい。言い換えれば、これは、クイズプレイヤーたちの幻想を表現しているのだ。この幻想が、どうしてクイズプレイヤーにとって魅力的なのか。そのように問わなくてはならない。

クイズプレイヤーは、メタオタクなのだと述べておいた。通常のオタクにとっては、それぞれの主題領域がひとつの「世界」であった——しかしその「世界」は、ほんとうは〈世界〉の小部分に過ぎない。クイズプレイヤーは、「世界」を集合させることで、〈世界〉に近づけようとする。そして、「世界」という限定的な領域ではなく、ほんとうに包括的な〈世界〉と対峙しようとする。

が、このときひとつの困難が生ずることになる。オタクの場合、〈世界〉を「世界」へと縮減させたがゆえに、「私が——ほかならぬ私が——世界から呼びかけられている」という幻想をもつことができた。刀剣女子は、日本刀たちが私を呼んでいるのを実感している。だが、好きなものと嫌いなものとを区別せず、すべての「世界」を平等にただ集合させてしまえば、このような幻想も消えてしまう。多数の「世界」についての細々とした情報は、無味乾燥なデータベース、ただの知の蓄積であって、「真実」がもつ輝きを失ってしまう。

しかし、クイズの問いが、万人向けの問題、匿名の誰かへの問題ではなく、私への、私だけを宛先とした問いかけだったとしたらどうだろうか。私が、この私がほんとうに呼びかけられ、問いかけられているのである。このとき、クイズは、「みんなのクイズ」ではなく「君のクイズ」になる。このとき、クイズの解答は、ただの知、データベースの中の一情報を超えた真実になるだろう——（厳密に言えば）真実のように感じられるだろう。なぜなら、それは、私だけに向けられた問いへの私の応答であり、実際、私の人生の一端に触れる情報なのだから。

『君のクイズ』という小説は、クイズプレイヤーのこのような願望を表現している。「このようだったらいいのに」という幻想を表現しているのだ。[*2] ここから得られる教訓、クイズというコンテクストから離れた、私たちにとっての教訓は何か。

〈世界〉から、この私が呼びかけられている。私たちは、そのように確信をもつことができたら、どんなにすばらしいことだろう、と思っている。しかし、私たちには、日本人には、そのような呼びかけは聞こえない（『君のクイズ』の設定は、この強い欠落感が反作用的に生み出した幻想である）。聴きたいという強い欲求はあるが、聞こえないのだ。日本人は、〈世界〉からの呼びかけを——自分たちを主体として立ち上がらせる呼びかけを——聴きとる能力を、致命的に失っている。どうして、聞こえないのだろうか？　どうしたら聴きとることができるのだろうか？　少なくとも、それは知識（の不足）の問題ではない。それは、〈真実〉に関連した困難である。

＊1　オタクは日本にだけいるわけではないだろう。が、オタクの「発祥地」であるところの日本社会は、ことのほか、オタク的なパーソナリティに分類される人口の比率が高いようにも思われる。そのように考える根拠のひとつは、日本語の「オタク」に正確に合致する語、20世紀末期からの若者風俗としてのオタクを意味する外国の語彙はない、ということだ。オタクは、そのまま〝otaku〟という日本語で指示されている。今日では世界中の、一定以上に豊かな消費社会・情報社会にオタクは見られるだろうが、しかしおそらく、オタクが日本ほどに多数派になった国はない。

＊2　文学的なテクストとして『君のクイズ』を読解することが目的だった場合には、もう少し繊細である必要がある。この小説では、主人公の三島とライバルの本庄が、二項対立的に対照させられている。三島＝「僕」は、クイズに対して、とてもロマンチックな思い入れがある。それに対して、本庄は、資本主義的な競争に勝利するためのビジネスの観点からクイズにかかわっていて、クイズに対してきわめてシニカルである。この対立が、小説を構成する思想の根幹になっている。だが、ここで注意しなくてはならない。本庄は、天才的なクイズプレイヤーで、ユーチューバーでもある自分を売り出すために、

「僕」のそれよりもなお一層ドラマチックでロマンチックな自分の「物語」を用意している。彼は、この「物語」を、自分を飾り、自分を高く売るための意匠、ビジネスに勝利するための戦略的な作り話であるとする。だが、本庄のこのシニカルな姿勢に騙《だま》されてはならない。彼は、自分のその「物語」にアイロニカルに没入しているからだ。なお、この注に書いたことは、私が京都大学で教鞭をとっていたときの教え子の小木郁夫くん（現在、東京都庁で働いている）からの示唆に基づいている。

II

どうすれば日本は「戦後」を清算できるのか

初出
1 『一冊の本』 2023年 11月号
2 同 同 12月号

1　選ばれるのを拒否した主人公

スタジオジブリの『君たちはどう生きるか』

スタジオジブリの最新作、宮﨑駿《はやお》監督の『君たちはどう生きるか』には、大きな謎がある。一歩まちがえれば物語を破綻させかねない謎、物語の全体を無意味なものにしてしまうこともありうる謎が、である。[*1] 眞人《まひと》は、どうして大伯父の願いを受け入れなかったのか。眞人は、なぜ大伯父からの要請を拒否したのか。眞人は、自分の額にある傷、自分でつけた傷を、拒否の理由としている。しかし、なぜ、その傷（が意味していること）が、拒否の理由になるのかは、謎のままだ。

主人公の眞人は、小学校（国民学校初等科）の高学年くらいの少年である。物語は、太平洋戦争の3年目、空襲で眞人の母親が入院していた病院が焼け、彼女が亡くなるところから始まる。この冒頭シーンから一挙に物語は、その1年後に飛ぶ。現在の私たちは、戦争の終結が数カ月後に迫っている頃だということを知っている。眞人は、父とともに田舎に疎開してきた。そこで、彼は、父の再婚相手の女性に会う。「母さんそっくりだ」と眞人は思う。父が再婚する女性、つまり眞人の新しい母親は亡くなった母の実の妹ナツコである。疎開先は、亡くなった母の実家で、大豪邸である。近くに、父が指揮監督している、零戦の風防を製造する軍需工場がある。

骨格の中の骨格のような大筋だけ言えば、『君たちは』は、眞人が、ナツコを自分の母として受け入れるまでの話である。眞人は、死んだ母そっくりの美しいナツコに、一目で惹かれたことはまちがいない。恋愛感情に似たような想いすら抱いたかもしれない。しかし、すでに自分の弟か妹を宿しているナツコを新しい母として受け入れる気持ちにはなれない。受け入れてしまえば、亡き母を裏切ったことになる（と眞人が思っている）から、に違いない。ナツコの姉への想いは深く、姉の遺した子である眞人に対しても親切である。眞人も、決してあからさまに反抗するわけではなく、ナツコに礼儀正しく接している。しかし彼の態度はよそよそしく、ナツコに心を開かない。その眞人が、物語の終盤に、ナツコを母として受け入れる。眞人が初めて、ナツコを「母さん！ ナツコ母さん！」と呼ぶシーンは、クライマックスであると言ってよい。

と、このように書くと、父の後妻と亡き先妻の子の間の和解の話であって、ひとつの家族の中の小さな葛藤が主題であるかのように思うだろう。なぜ太平洋戦争の末期に時代を設定したのか、その理由もこれだけではわからない。実は、私の考えでは、この新しい母の受容には、この時代の状況に即した寓意を読み取ることもできるのだが、この点については後に述べよう。いずれにせよ、ナツコを受け入れるまでに眞人が経験した次のような冒険こそが、この物語の実質を構成している。

眞人の疎開先の家——つまりナツコの実家——の広大な敷地の中に、廃墟と化した塔がある。その塔は何か。使用人の老婆たちは、次のように説明する。明治維新の少し前に、空から巨大な石が落ちてきた。それから30年後、（ナツコたち姉妹の）大伯父が、森の中に埋もれつつあったこの石を見つけ、何を思ったのか、石を覆う塔を建てさせた。大伯父は、この塔にこもり、膨大な量の本を読んだらしい。そしてあるとき、大伯父は、塔の中に忽《こつ》然《ぜん》と消えてしまった。

眞人が疎開してくると、この屋敷の周辺にいる、人間の言葉を話すふしぎな青サギ（サギ男）が、「母君は生きていて、あなたの助けを待っている」などとしきりに眞人を塔の中に導き入れようとする。眞人はこの誘いには乗らない。しかし、ある日、ナツコが失踪した後、眞人は塔に入っていく。ナツコが森に入ったのを目撃していた眞人は、彼女が、塔の中にいると推測したからだ。

塔（＝巨大な石）は、異界＝「下の世界」への入り口だった。この異界で、ハラハラドキドキの冒険を重ね、中で出会ったヒミという名の少女——実は少女だった頃の母親[*2]——にも助けられ、眞人はついに、異界の内奥《ないおう》にある禁忌《きんき》の産屋《うぶや》で、ナツコを見出す。迎えに来た眞人を、ナツコは、「あなたなんか大嫌い！　出て行って！」と激しい怒りの表情で拒絶する。このとき眞人の口から出たのが、先ほど述べた「ナツコ母さん！」の叫びである。眞人は、最終的に、ナツコを救済して、現実の世界に帰ってくる。

眞人は拒絶した

以上が基本のあらすじだが、肝心なことをさらに補わなくてはならない。「下の世界」と呼ばれる異界で、眞人は大伯父に会うのだ。大伯父こそ、この異界の創造者であり、大伯父によって異界の秩序は保たれてきたことが明らかにされる。要するに大伯父は、この異界における神である。また、大伯父が維持している異界の秩序は、現実の世界＝「上の世界」の秩序や展開とも相関しているらしい……ということが示唆される。たとえば、今、どうやら「下の世界」は存続の危機に瀕《ひん》しているのだが、それは、「上の世界」たる現実世界で目下進行している戦争と対応していることは明らかだろう。

大伯父は、自分の後継者を待っていた。神としての役割を果たしうるのは、すなわち「下の世界」の秩序を維持し、それを媒介にして「上の世界」である現実世界の秩序にも影響を与えうるのは、大伯父の血を引いた者のみである。青サギは、子孫である眞人を呼び寄せるための大伯父の使者だったのだ。

　大伯父は眞人に、13個の穢《けが》れのない石を差し出す。それらは、大伯父がはるかに遠い時空間を旅して探し出してきたものだという。大伯父によれば、この穢れなき石を3日にひとつずつ崩れないように積み上げ、世界のバランスをとるのが自分の役目だった。彼は、この仕事を引き継いでほしい、と眞人に依頼する。つまり、これら13個の石を積み上げて、悪意（穢れ）から自由な王国、豊かで平和な美しい世界を創造せよ、と大伯父は眞人に命じるのだ。

　だが、眞人はこれを拒絶する。大伯父が言うには、彼の役目は、彼の血を引き、かつ悪意のない純粋な者だけが引き受けることができる。これに応じるかたちで、眞人は、自分には悪意がある（だから引き受けられない）とする。彼は、「悪意のしるし」として、自分の額の傷を示す。この傷は何か。

　この傷の由来は、本筋からは外れていたように見える、序盤のエピソードの中にある。疎開の翌日、眞人は、転校先の学校に初めて登校する。下校の途上で、眞人は、その日初めて顔を合わせた同級生たちとケンカすることになる。ケンカによって眞人の服が汚れはしたが、彼は傷を負ってはいない。しかし眞人は、帰宅の途中で道端の石を拾い、自分で自分の頭にその石をたたきつける。傷口からは大量の血が流れ落ちている。

眞人はどうして自分で自分に傷を負わせたのか。その理由は、その後の展開を見れば、容易に想像できる。眞人がケガを負って帰ってきたので、家中が大騒ぎになる。父親は、仕事先から急いで帰宅し、眞人に詰問する。「誰にやられたんだ」。眞人は、ただ転んだだけだと答えるが、それだけでこれほどのケガになるはずはない。父は納得せず、学校に怒鳴り込みに行く。眞人のこの自傷行為は、ケガをケンカ相手の同級生のせいにするためだろう。眞人は、誰かに傷つけられたことを否認しているが、父が、その通りに受け取らないことは初めからわかっている。その上、否認すれば、同級生を庇う「善人」を偽装することもできる。この眞人のやり方は、確かに悪意の所産と言わねばなるまい。

眞人は、この傷を理由にして、大伯父の強い依頼を拒絶する。そして「ナツコ母さん」とともに、現実世界の方に戻ってしまう。その結果、「下の世界」、つまり異界の方はどうなるのか。積み木状の石のバランスが壊され、異界自体が崩壊する。

鬼殺隊に入るのを拒絶した炭治郎……ではないとしたら

さて、あらためて問おう。どうして、眞人は大伯父の依頼を断ったのか。今見たように、眞人は、一応、理由を述べている。が、眞人に託された使命の重要性（それはほぼ神の役割である）、彼に向けられた期待の大きさ（大伯父は眞人にしかそれはできないと見なしている）を考えると、拒絶の理由があまりにもささいであるようにも思える。そんな理由で、あれほど大事なことをあっさり断ってしまうのか。

しかし、この点は、百歩譲って認めよう。実際、似たようなことは、私たちにもときどきあるだろう。非常に重要で価値ある仕事を依頼されたが、自分の能力が不足しているとか、自分の性格や資質がその仕事に適していないと判断して、断ることはよくあることだ。眞人のケースも、これと似ている。

だが、私のほんとうの疑問は、別のところにある。確かに、眞人の立場に身を置けば、拒絶の理由もわからなくはない。だが、そうだとすると、宮﨑駿はどうしてこのような物語を作ったのか。自由で豊かで平和な世界を創造するという使命を主人公が結局引き受けないことになるのであれば、どうして、こんな冒険譚《たん》が必要だったのだろうか。

たとえば、『鬼滅の刃』で、主人公の炭治郎は、その特殊な能力が認められて、鬼殺隊の一員となる。もし炭治郎が鬼殺隊に入ろうという意欲をもたないのであれば、一方に、人間たちがいて、他方に、人間を食う鬼たちがいる、という設定自体が無意味なものとなるだろう。もし『ウルトラマン』のハヤタ隊員が、ウルトラマンとしての役割を——地球人を怪獣から守る任務を——引き受けなかったらどうか。『仮面ライダー』で、本郷猛が、自分にはそこまでの自己犠牲的な利他性はないとして、ショッカーと戦うことを拒否したらどうだろうか。

眞人は、鬼殺隊への参加を期待されながら、それを拒否した炭治郎のように見える。が、このことを逆にポジティヴに捉え返すならば、次のように言うことになる。『君たちは』では、主人公が、与えられた崇高な任務を引き受けることよりも、それをあえて拒否することにより深い意味があるのだ、と。どのように解釈したら、どんな角度から見れば、明らかに善なる目的をもっているように見える役割を引き受けることよりも、それを引き受けないことに、より高い価値がある、ということになるのだろうか？　この問いに答えることができれば、『君たちは』という作品を、最も深いレベルで理解したことになるだろう。もしこの問いに積極的な答えがなければ、『君たちは』は、エンタメのためということ以上の意味をもたない、無意味な冒険譚が入っている話だということになってしまう（もちろんそんなことはない、ということを私は示そうとしている）。

漫画版『ナウシカ』の結末

宮崎駿の作品をふりかえると、かつて一度だけ、ここでの「大伯父－眞人」の関係と似た状況が描かれていたことがわかる。漫画版『風の谷のナウシカ』の結末である[*3]。単純で素朴な構図の中で展開するアニメ版とは異なり、漫画版は、ストーリーも人物関係も圧倒的に複雑で、その複雑さに比例して提起される思想も深遠で難解だ。その難解さが極点に達するのが、結末である。

ナウシカはここで、最後で最大の敵「シュワの墓所の主」と対決する。シュワの墓所の主とは、すでに滅亡してしまった先行文明が遺した巨大な人工知能である。ナウシカは、巨神兵の力を借りて、シュワの墓所を破壊する。実は、巨神兵もまた先行文明の遺物であり、一種の大量破壊兵器なので、本来はナウシカたちにとっての脅威であり、敵だった。だが、その巨神兵は、ある時点で、ナウシカが最も信頼する最強の味方へと反転する。この反転は、まことに興味深い展開なのだが、これはまた別の問題なので、その意義についてはここでは考えないこととしよう。ナウシカにとって、最後まで許すことができない敵、それとの共存を考えることもできない敵は、シュワの墓所の主である。

シュワの墓所の主の何がそんなに悪いのか。ふしぎなことに、墓所の主は、これといって悪いことを言っていないし、悪いことをしようともしていない……ように見える。いや、それどころか、墓所の主がなそうとしていることは、この上なくよいこと、誰も反対できないようなよいことである……やに思える。普通、この種のファンタジーの悪人は、人類の征服やその奴隷化とか、あるいは人類の殲滅《せんめつ》とかをめざしているものだが、墓所の主の目的は、その正反対である。彼は、来《きた》るべき人類の繁栄をこそめざしている。文明によって汚染された環境を浄化すること、そして穏和で賢明な新人類が自然と調和しながら生活する「豊かで平和で美しい世界」を建設すること、これらが墓所の主が語る目的だ。

ならば結構なことではないか。それは「私たち」のめざすところと同じだ……と言いたくなる。さらに、『風の谷のナウシカ』に関して普及している通俗的な解釈では――特にアニメ版しか見ていない人たちの間で共有されているイメージの中では――、まさにこのシュワの墓所の主が言っている、自然と調和している牧歌的な共同生活こそ、「風の谷」の王の血を引くナウシカ自身が作り出そうとしている世界である、と見なされてきた。実際、墓所の主はナウシカたちに呼びかけている。「子等よ……力を貸しておくれ　この光を消さないために」と。

が、しかし、今し方述べたように、ナウシカはこの呼びかけを激しく拒否し、逆に墓所を破壊してしまう。超越性を帯びた、神のような性質をもつ「他者」から、(一見)至高の善への参加を呼びかけられるが、主人公は、これを拒否する。この構成は、『君たちは』の場合と同じである。「シュワの墓所の主－ナウシカ」関係と「大伯父－眞人」関係は、同じ形式をもっている。ナウシカが墓所の主を退ける理由も、眞人のケースと似ている。

墓所の主は、光に満たされた世界を作ろうとしている。それに対して「否!」を突きつけたナウシカは、「光と闇」、すなわち「清浄と汚濁《おだく》」の同居こそが不可欠なのだ、と反論する。眞人もまた、穢れなき石によって美しい世界を構築せよという大伯父の要求に対して、自身の「悪意のしるし」（穢れ）を対置したのであった。

＊

しかし、漫画版『ナウシカ』と『君たちは』との間には違いもある。前者のシュワの墓所の主は、主人公ナウシカの敵として（最初から）位置づけられている。なればこそ、その敵から、とても結構なこと、（一見）よきことが——もちろん偽善や虚偽としてではなく——語られることに、驚かねばならないわけだが、しかし、私たちとしては、敵からの申し出なのだから、ナウシカが拒否するのは当然だ、と簡単に納得することもできる。

それに対して『君たちは』の大伯父は、眞人の敵ではない。眞人は大伯父と戦っているわけではない。大伯父は眞人の味方であり、善意の人として設定されている。眞人は大伯父に敬意をもっている。

『君たちは』にも敵はいる。眞人の異界（下の世界）への旅を、主人公《ヒーロー》にふさわしい試練の過程とするためには、異界の中に、彼の目的（ナッコの救出）の達成にとっては障害となるような敵がいなくてはならない。たとえば、人間大のインコの軍団。彼らは、眞人が禁忌の産屋に侵入したことを怒っており、眞人たち人間を食おうとしている。軍団には王がおり、その王を含むインコの全員が、異界の主であるところの大伯父に仕えているようだ。しかし、繰り返せば、異界の頂点にいる大伯父は、眞人に敵対しているわけではない。逆である。彼は、眞人を招いているのである。

だから、ふしぎである。どうして眞人は、大伯父の期待に応えなかったのか。しかも、ナウシカは、シュワの墓所の主を憎み、その思想を嫌悪していたが、眞人は、むしろ大伯父を敬愛しているし、その理念に誤りがあると考えているわけでもない。それなのに、眞人は、大伯父の願いを拒絶した。なぜ、そのような物語が創られたのか。眞人の冒険譚を無意味なものにしかねない、このような帰結——大伯父と眞人のすれちがい——を含む物語を作者に創作させている衝動は何なのか。どんな必然性があって、二人の出会いをこのような否定的なものにしているのか。

「現実」と「虚構」

私は今、宮﨑駿の作品の内的な整合性を問題にしたいわけではない。『君たちは』の物語の展開の中核部分に、述べてきたような極端な不自然さがあるとすれば、その不自然さを強いる思想的な理由があったに違いない。その「思想的な理由」を、おそらく、作者自身も十分には意識化できてはいない。私が問いたいのは、この思想的な理由である。その普遍的な意味、そしてその限界だ。

『君たちは』が対決している思想的な主題は、一般的なコンテクストで捉えれば、「現実《リアリティ》」と「虚構《フィクション》」の関係ということになる。今、「一般的なコンテクストで捉えれば」という条件を付したのは――私の考えでは――、『君たちは』という作品においては、同じ主題が、特定の歴史的状況にかかわらない一般的なコンテクストと、特殊な歴史的状況に結びついた限定的なコンテクストの両方で問われているからである。主題を、一般的なコンテクストの中において見た場合には、それは「現実」と「虚構」の結合／切断の問題だということになる。

「虚構」は、必ずしも「現実」と対立はしない。それどころか、「現実」が有意味であるためには、「虚構」による媒介が必要となる。ここで「虚構」というのは、「現実」に規範的な意味を与えているナラティヴのことである。すなわち、「現実」を構成する事物や出来事に、そうであるべき意味を与える広義の「物語」が「虚構」である。「私」が、「現実」の中で何者であるかということもまた、その「現実」を意味づけている「虚構」の中の「私」が果たすべきこととして期待されている「役割」のかたちで与えられる。

ジャック・ラカンが提起したテーゼのひとつに、「真理は虚構の構造をもつ」という命題がある。「虚構」は、一種の「嘘」だと見なされているので、この命題は、ちょっとした逆説を含意している。だが、今述べていること、つまり「現実」は「虚構」を通じて分節されることで有意味化するということを考慮に入れれば、ラカンのこの命題は、簡単に理解できる。

＊

『君たちは』において、「現実」と「虚構」は、言うまでもなく、「上の世界」（塔の外の現実世界）と「下の世界」（塔の中の異界）にそれぞれ対応している。両者は独立に、互いに無関係に存在しているわけではない。大伯父が支配する「下の世界」（の石の積み木）は、「上の世界」のあるべき秩序を表現してもいる。つまり、「虚構」（下の世界）は、「現実」（上の世界）のあるべき姿を指定している。そして実際、「下の世界」に属する「虚構」は、「上の世界」の「現実」を一義的に規定してはいないが、「現実」に影響を与えていることが暗示されている。

　大伯父が与える「虚構」とは何であろうか。眞人が塔の中の異界で見た「墓の門」には、「我ヲ學ブ者ハ死ス」とあった。物語の形式をとる「虚構」は、それを引き受ける者に、何のためであれば死ぬことができるのか、自分の人生をそれのために犠牲にできる大義は何かを教えるからであろう。では、大伯父が提供する「虚構」は、どのようなものなのか。

　巨大な石が空から落ちてきたのは、明治維新の直前だった。大伯父が塔を建てたのは、明治20年代の終わり頃、つまり日清戦争のすぐ後の時代だったことになる。彼は膨大な量の本を読みながら、塔の中へと消えていったのだった。大伯父は、明治時代の、おそらく最も良質な知識人の代表である。江戸時代が終わろうとしているとき、突然、外からやってきた石が何の象徴であるかは、すぐに推測できる。それは「西洋文明」であろう。

　したがって、大伯父に帰せられる「虚構」とは、「西洋文明」という理想を受け入れた日本の、世界の中での発展をめざすナラティヴ（物語）だということになる。穢れなき石を崩れないように積み上げる作業は、諸外国との間で力の均衡を維持しつつ、平和と繁栄を獲得しようとする日本の経済的・政治的・軍事的・文化的な努力全体の隠喩であろう。[*4]先ほど私は、『君たちは』の思想的な主題は二重になっていると述べながら、（一般的な問題ではない）歴史的状況に限定された特殊な問題については何も説明しなかった。ここではまだ詳述しないが、この「特殊な問題」は、大伯父に結びつけられたこの「虚構」と関係している。

選ぶこと＝選ばれること

　人は一般に、何らかの「虚構」にコミットすることで、その「虚構」を通じて分節された「現実」を有意味な秩序として受け取る。その「虚構」と一体化した「現実」の中で、

「私」には、果たすべき「役割」が、なすべき「使命」が与えられる。もっとはっきり言ってしまえば、その「現実＝虚構」の中で、「私」はひとつのコマであり、（主体というより）対象である。主体性はむしろ、「現実＝虚構」の方にある。

したがって、「現実」を意味づける「虚構」を選び、それにコミットするとき、人は、次のように思うものである。その「虚構」によって秩序づけられている世界から自分は選ばれている、と。「虚構」を選ぶことが、選ばれることと一体化しているのだ。選ばれていると実感できないのであれば、その「虚構」をほんとうには選んだことにはならない。哲学者のジル・ドゥルーズが『シネマ2』で、何人かの映画監督が愛した格言だとして引用している次の言葉が、この状況を記述するのに実に適している。「人が真に選ぶのは、選ばれているときのみである」[*5]。

小説であれ、映画であれ、漫画であれ、アニメであれ、虚構の物語は、主人公が（何らかの意味で）世界に選ばれている、ということを表現している。私たちが、それらを読んだり、見たりして享受するわけだが、どうして私たちはそれを楽しむことができるのか。主人公に同一化することで、「私は選ばれている」との感覚を得ることができるからだろう。

だが『君たちは』はまったく例外だ。主人公の眞人は、選ばれることを拒否している。

見捨てられているわけではない。神（大伯父）は選ぼうとしている。しかし、眞人は、神のその申し出を断る。この拒絶に、どのようなポジティヴな意味があるのだろうか。考察をもう少し続けよう。

＊1　以下、この作品についての「ネタバレ」を含む。次のセンテンスからして、すでに最大のネタバレである。

＊2　眞人の亡くなった母親の名はヒサコである。ヒサコは少女だったとき、塔の中に迷い込んだ。塔の中では時間が止まっているらしい。その少女時代にとどまっているヒサコが、ヒミである。

＊3　漫画版『ナウシカ』と『君たちは』との間の以下に述べるような類似は、朝日新聞の太田啓之記者の指摘に基づく。本節は、この論点に限らず、『君たちは』の多くの解釈に関して、太田記者との私的な会話と同記者が文藝春秋 電子版に寄稿した次の評論から示唆を受けている。「《なぜ傷が『悪意のしるし』なのか?》映画『君たちはどう生きるか』の謎を解く」https://bunshun.jp/articles/-/64826。「《巨石が統べる異世界の正体とは?》映画『君たちはどう生きるか』と響き合う漫画版『ナウシカ』のクライマックス」https://bunshun.jp/articles/-/65954

＊4　太田「《巨石が統べる異世界の正体とは？・》」
＊5　Gilles Deleuze, *Cinéma 2: L'image-temps*, Les Éditions de Minuit, 1985, p.232.

2 「悪」に汚染された者として出発する

宮﨑駿監督のアニメーション映画『君たちはどう生きるか』で、主人公の眞人は、どうして、大伯父が託そうとした崇高な使命を受け入れなかったのか。なぜ彼はこれを拒絶したのか。

類似の先行作品から

宮﨑駿が監督したスタジオジブリの、類似の先行作品から手がかりを得てみよう。たとえば、2001年の作品『千《せん》と千尋《ちひろ》の神隠し』。主人公の子どもが、異界に入り込み、囚われた家族を救出するという基本の筋は、『君たちは』と同じである。

10歳の少女千尋は、両親とともに、自家用車で、引っ越し先のニュータウンに向かっている。その途上、彼らはふしぎなトンネルを見つける。千尋は躊躇《ちゅうちょ》するが、両親がトンネルにどんどん入っていくので、千尋もついていかざるをえない。トンネルをくぐり抜けると、そこはテーマパークのような無人の町だった。後に、その町は八百万《やおよろず》の神々が住む異界だったことがわかる。両親は、無人の飲食店の食べ物を意地汚く無料でがつがつ食べてしまったために、豚になってしまう。『千と千尋』は、豚になった両親を千尋が救出し、人間に復帰させる話である。物語を駆動させている中心的な軸は、異界では「千」という名に変えられた千尋と湯婆婆《ゆばーば》という魔女の対決にある。湯婆婆は、八百万の神々が客として集まっている「油屋」という名の湯屋の主人で、神々が住むこの異界に女王のように君臨している。千尋は、異界で出会ったハクという少年[*1]（今の千尋のように、かつて異界に迷い込み出られなくなっていると思われる）の助けもあって、湯婆婆との対決に勝利し、両親を助けることに成功する。両親は千尋とともに、トンネルを反対方向からくぐり抜けて、現実の世界に帰り、人間に戻るが、異界でのことは完全に忘れてしまっている。

　このアニメーションはおもしろく観ることができるが、現実から遊離したファンタジーであって、私たち自身が現実の中で生きる上で意味をもつような思想的教訓はほとんど含んでいない。確かに、この映画を観た後の私たちは、現実の背後に神々が潜んでいるかもしれない、精霊たちがどこかにいるかもしれない、といった想像力を得るかもしれない。素朴な唯物論者よりも少し心が豊かになるのかもしれない。が、それだけのことである。

＊

『君たちは』を理解する上で直接的に有用なのは、その前作――10年前の2013年の作品――『風立ちぬ』である。それ以前の宮崎駿のアニメはすべて、いつどこのこととも具体的に特定できないファンタジーであった。今見た『千と千尋』のように、漠然と――たとえば少し前の日本などと――時代を思い描きうる作品もあるが、時代や場所を一義的に特定できるようには描かれていない。[*2]

しかし『風立ちぬ』は違う。かなりデフォルメされてはいるが、主人公に実在のモデルがあり、物語のコンテクストになっているのが、どこのどの時代のことなのか明確に特定される。背景となっているのは日本の近代、大正時代から昭和の太平洋戦争が始まる頃までの期間である。つまり、『君たちは』の直前の時期が描かれていることになる。『君たちは』には、『風立ちぬ』とのつながりを暗示する細部がある。『風立ちぬ』の主人公、堀越二郎は零戦の設計者として知られている人物である。『君たちは』では、主人公の眞人の父親は、零戦の風防を製造する工場の経営者である。

『風立ちぬ』には、それ以前のアニメからの断絶がある。それまでの作品は、現実から遊離した虚構、現実との対応に無関心なファンタジーであった。それに対して、『風立ちぬ』は、現実を意味づける虚構、現実を構成する虚構が主題である。現実に対して積極的に作用するような虚構に、作者の関心の中心があるのだ。

ここで現実を構成している虚構にあたるのは、主人公の堀越二郎の、理想の飛行機を造りたいという夢のかたちをとったナラティヴ（物語）である。堀越は、幼い頃より、飛行機に憧れている。パイロットになりたかったが、それは視力が弱いので諦めざるをえない。彼は、理想の最高の飛行機を設計し、製作することに情熱を傾ける。東京帝大で学び、飛行機製作を業務とする企業「三菱」に雇われ、彼は順調に優秀なエンジニアとして成長していく。初めて設計主務を務めて開発した戦闘機が、飛行試験中に墜落してしまうという挫折を味わいはするが、二郎は最終的には、非凡な才能を開花させ、零式艦上戦闘機（零戦）を完成する。二郎は、夢を実現したのだ。ときどき堀越の睡眠中の夢の中に、カプローニ伯爵というイタリア人の中年男性が現れ、堀越を励ます。カプローニ伯爵は、著名な飛行機製作者で、実在のジャンニ・カプローニがモデルである。カプローニ伯爵は、『君たちは』の大伯父に、ゆるやかに対応していると言ってよいだろう。

二郎は、理想の飛行機の実現に成功するだけではなく、愛する女性と出会い、結婚することもできた。『君たちは』と同様に——というより他の多くの冒険譚と同じように——、主人公の夢の目標への到達は、愛する人の獲得（の成否）と並行している。二郎は、里見菜穂子と結ばれる。ただし、菜穂子は、零戦の完成後に結核で亡くなったと（直接的に描写はされていないが）暗示される。二郎の恋愛と結婚をめぐる物語は、堀越二郎の実話に基づくものではなく、堀辰雄の小説に由来する。『風立ちぬ』というタイトルが示しているように、このアニメは、堀越二郎の伝記とともに、堀辰雄の（複数の）小説を典拠として創作されている。

私たちは、このアニメを見て、堀越二郎は夢を実現できてよかったなと思い、感動する。彼は、自らの人生を意味づける虚構の枠組みを、そのまま現実にしたのである。彼は、完璧な飛行機のために人生を捧げた。そして、実際、そのような称賛に値する飛行機を造ったのだ。

だが、すぐに気づくことになる。堀越二郎の物語（飛行機造り）は、客観的には、より包括的な物語、集合的な主体としての日本人に帰属する物語の一部であることに、である。二郎が造ったのは戦闘機である。この戦闘機の製作は、日本が遂行していたアジア・太平洋戦争への積極的な協力以外のなにものでもない。今日、日本人は、あれは誤った戦争であったと認識している。二郎は確かに、おおむね彼の物語にそって生きた。しかし、彼の物語は、悪の実行を促した日本の物語の一部である。そうであるとすれば、私たちは、堀越二郎が夢を実現できたことをよかったと称賛してよいのだろうか。もちろん、そうはいかない。歴史相対主義──「当時の人にはそれが誤ったことであるとはわからなかった」──は慰めにならない。誤りであることを理解できていなかったならば、そのことも含めて誤りだったことになるからだ。歴史相対主義は、二郎を免罪することはない。

拒否の理由

『風立ちぬ』と関連づけると、『君たちは』で、眞人が大伯父の申し出を拒否した理由が明らかになる。大伯父と彼が建設した塔——異界への入り口になっていた塔——をめぐる経緯が、戦前の日本近代史のコンテクストの中にあったことを思い起こしておこう。空から巨大な石が落ちてきたのが明治維新の直前、大伯父が石の周りに塔を建設させたのが明治時代の後半で、おそらく日清戦争と日露戦争の間の時期にあたる。塔の中に消えた大伯父は、日本の近代化＝西洋化を推進した明治の知識人の代表であった。

日本人は、全面戦争に敗れたことを通じて、戦争にまで至った自分たちの行動に根本的な誤りがあったと理解した。このことは何を意味しているのか。戦前の日本人の——とりわけ戦前の指導者たちの——意志や願望を、戦後を生きる日本人は引き継ぐわけにはいかない、ということだ。戦前の日本人が、あるいは戦場で死んでいった者たちが実現しようとめざしていたことがある。戦後の日本人、戦後の「われわれ」は、その思いを継承して、「それ」を完成へともたらそう……というわけにはいかないのだ。戦後の日本人である「われわれ」は、戦前の、死んでいった日本人が「われわれ」に託そうとした願いを断固として拒否しなくてはならない。だから、眞人は大伯父の強い要請を受け入れなかったのだ。

大伯父に代表される戦前の日本人が、現在の「われわれ」の繁栄を願い、そのために努力し、自らを犠牲にしてきたことを、「われわれ」はわかっている。それゆえ、眞人としても、できることなら、大伯父の願いをかなえ、大伯父の仕事を継承したい。しかしそういうわけにはいかない。それは許されないのだ。

＊

もし眞人が大伯父の要請をそのまま引き受けたとしたらどうだっただろうか。もし戦後に獲得した「正しさ」の観念を前提にした上で、眞人が大伯父の願いを受け取り、その仕事を引き継ぐ英雄となったとしたら、この行為が全体として意味し、表現していることは何であろうか。そのような継承が成り立つとしたら、それが意味していることは、「われわれ日本人は、もとから——戦前から——倫理的に誤ってなどいなかったのだ」「われわれは最初から正しかったのだ」「われわれはもともと善人だった」という宣言である。なぜなら、すでに戦後の正義や善の観念を有する眞人と戦前の指導者を象徴する大伯父との間に、ポジティヴでスムーズな継承が成り立つならば、大伯父は、戦後の観点から、遡《そ》及《きゅう》的に正当化されたことになるからだ。

実際、戦後の日本人の大半は、この宣言の通りの態度をとった。戦争が終わったときに、ほとんどの日本人は、自分たちを善意の犠牲者であると見なしたのだ。なるほど、日本人も戦争の犠牲者なのかもしれない。では、その犠牲をもたらしたのは誰なのか。戦争は自然災害ではない。加害者は誰なのか。日本人の大半はこの点をあいまいにしたまま、自分たちをもっぱら犠牲者として捉えた。悪意のない犠牲者として、である。[*3]

たとえば、映画監督の伊丹万作は、敗戦からちょうど1年後に発表した「戦争責任者の問題」というエッセイで、次のように書いている。[*4]非常に多くの人が「今度の戦争でだまされていた」と語っている、と。そして、伊丹はこう続ける。これほどたくさんの人がだまされていたとすれば、ずいぶんたくさんの人がだましたはずなのに、自分が知る限り「おれがだました」と言った人間はひとりもいない、と。「だまされていた」ということは、自分は、ほんとうはあんな戦争を欲していなかった、ということだ。言い換えれば、自分は、前から――敗戦の前から――誤った戦争に積極的に加担するような悪人ではなく、もとから民主主義を愛する善人である、と主張しているに等しい。これは、しかし、伊丹が見抜いているように、とてつもない欺瞞《ぎまん》である。

太宰治も、敗戦直後の日本人の同じ欺瞞に憤っている。昭和21年4月に――つまり敗戦から8カ月の後に――発表されたエッセイ「十五年間」で、太宰はこう書いている。自分は、「誰かのように、『余はもともと戦争を欲《ほっ》せざりき。余は日本軍閥の敵なりき。余は自由主義者なり』などと、戦争がすんだら急に、東条の悪口を言い、戦争責任云々《うんぬん》と騒ぎま

わるような新型の便乗主義を発揮するつもりはない」。そして、

　私は戦争中に、東条に呆れ、ヒトラアを軽蔑し、それを皆に言いふらしていた。けれどもまた私はこの戦争に於《お》いて、大いに日本に味方しようと思った。私など味方になっても、まるでちっともお役にも何も立たなかったかと思うが、しかし、日本に味方するつもりでいた。この点を明確にして置きたい。[*5]

　太宰治は、日本の戦争を導いた皇国思想の熱心な支持者からはほど遠い。通常の基準から見ればむしろ反戦論者に近いし、どちらかと言えば（もとから）自由主義者であった。しかしなお、戦争を容認し、それを「消極的に」であれ応援していた以上は、自分が誤った戦争の支持者であったという事実を引き受けねばならない。これが太宰の主張である。

　自分たちの戦争を推進したイデオロギー――つまり戦争を正当化していた物語＝虚構――がまちがっていたと判明したときに、絶対にとってはならなかったのは、「私たちはもともと善人だった」というスタンスであった。しかし伊丹万作や太宰治が証言しているように、日本人の主流は、まさにこのようなスタンスをとった。伊丹は、同じエッセイでこう警告する。「『だまされていた』といつて平気でいられる国民なら、おそらく今後も何

度でもだまされるだろう」、と。「だまされていた」ということで免罪されるならば、人はいくらでも、安易にさまざまな思想や理念にコミットし、そして何度も「だまされるだろう」。

逆に言えば、敗戦後に日本人がまずとるべきだったのは、「私は誤っていたし、今もまだ誤っている者と同じ水準にいる」という立場である。つまり戦後の日本人は、「私は悪人である」「私は悪によって汚染されている」というところから出発すべきだった。『君たちは』は、眞人を、そのような（あるべきだった）出発点に立たせているのだ。眞人は、大伯父を拒否するときに、自分には悪意がある、ということを理由にしたことを思い起こしておこう。「悪意のしるし」が、額の傷であった。同級生に罪を負わせるために、眞人が自分で自分の額につけた傷である。

この自傷行為は、日本の侵略戦争の愚劣さを最も強烈に刻みつけている工作活動への暗示を含んでいる。日本の軍隊は、自作自演で自分を攻撃しておきながら、それを敵からの攻撃だと主張し、戦争を始める口実にした（柳条湖《りゅうじょうこ》事件のことである、念のため）。このことを思うと、眞人の傷は、日本の戦争の悪の象徴であったことがわかる。大伯父は、眞人に、13個の「悪意に染まっていない石」を差し出し、これを崩れないように積み上げて、豊かで平和な世界を構築するように、と命じるのであった。もしこの石を受け取っていたならば、眞人は、最初から純粋に善意だけの人として、戦後の世界の構築を始めることになるだろう。だが彼は、額の傷を指さし、悪意に汚染されている自分は、その石に触れるべきではない、と大伯父の依頼を拒否するのであった。

死者との二律背反的関係

眞人のような態度をとったとき、日本の戦前の死者たち、とりわけアジア・太平洋戦争で命を落とした死者たちとの関係に、二律背反的な両義性が宿らざるをえない。

眞人とは逆に——つまり戦後の日本人の大半がそうしたように——、自分たちはもともと、あのような戦争を欲しない善人だったということにしていたならば、死者たちとの関係は、きわめてシンプルなものになる。そのような立場は単純に、死者たちを見捨てること、死者たちを裏切ることを含意している。なぜなら、この立場は、死者たちに対して、「あなたたちは誤ったこと、無意味なことのために命を落としたのだ」と言い放つことを含意しているからだ。戦場に向かった者たちは、何らかのよき大義のために自分を犠牲にした（つもりだった）。仮に戦場で死んだとしても、その大義への貢献によって彼らは報われることになっていたのだ。これは、戦争に動員された者たちとの間で交わされていた約束である。だがその「大義」は、もともとつまらぬもの、誤ったものだったと言うのだとすれば、つまり彼らの死を「犬死」と見なすならば、それは死者への裏切りである。

しかし、眞人のように、戦争に協力した者と同じ「悪」に汚染された者として出発する場合には、死者との関係は異なったものになる。この態度は、自らをまずは死者と同じ水準に置くことを意味しているからだ。眞人は死者を見捨ててはいないことになる。自分も、同じ悪意に穢れた者として、死者たちの仲間だということになるからだ。

だがしかし、「悪」に染まった者から出発するということは、そこにとどまるということではない。自らのうちに「悪意」があることを認めた上で、その「悪意」を克服すること、めざされているのはこれである。最初から自らはずっと「善人」だったと見なしたとき、「悪」を克服し、「善」へと至るという肝心の過程が省略されてしまう。そうだとすると――つまりこの過程をしかと通過しなければならないとすれば――、最終的には、私たちは――戦後の日本人は――、戦前の死者と自分たちを切り離さなくてはならない。戦前の死者たちがめざし、願っていたものを、私たちは継承するわけにはいかないのだ。

それゆえ、眞人に象徴される態度は、戦前の死者との関係について二律背反的なものになる。一方で、死者は尊重される。他方では、死者は捨てられる。一方で、死者と「われわれ」との連続性が肯定され、他方では、死者と「われわれ」との関係の切断が必要になる。

『君たちは』では、確かに、戦争の死者への両義的な感覚が描かれている。眞人は、塔を通じて入り込んだ異界に関して、その異界の住民キリコに、「この世界は死んでいる奴の方が多い」と教えられる。やがて眞人は、異界は、日本の海の戦いで死んだ人々の魂を慰め浄化し、「ワラワラ」という無垢《むく》な魂の種子へと再生させる機能をもっていることを知ることになる。異界は、太平洋戦争を含む近代史上のいくつもの海戦の死者たちを哀悼し、救出する場である。しかし他方で、その戦争の死者の魂は、忌避《きひ》すべきおぞましいもののようにも扱われている。異界の石はおそらく、現実世界の戦争で亡くなった人々の魂が変容した姿だが、それには悪意が宿っており、触れてはならないものだとされる。石を拾おうとした眞人に、ヒミ（少女時代にとどまっている眞人の実母）は「さわらない方がいい。まだ何か残っているから」と警告する。[*6]

＊

『君たちは』の骨格の筋は、眞人が父の後妻ナツコを新しい母として受け入れるまでの話だった。実のところ、この骨格の筋に絞れば、『君たちは』は、出来のよい作品とは言い難い。眞人がどうしてナツコを自分の母として認めるようになったのか、その心理の変化が説得的に描かれてはいないからだ。眞人の冒険が、この少年の母への思いを変える要因になったとは思えない。だが、眞人と（二人の）母との関係を比喩として解釈したらどうたら、どうか。それは、戦争の死者に対する、戦後の日本人のあるべき関係を描く比喩だとしたら、どうか。眞人の本来の母親は、太平洋戦争中に亡くなる。[*7]

眞人が最初、ナツコに対して心を開かなかったのは、ナツコを受け入れてしまえば、自分の本来の母親を裏切ることになると感じていたからだ。しかし最終的に、彼は、ナツコを母親と認めても、最初の母の遺志を裏切ったことにはならない、むしろ亡くなった母もそれを望んでいるはずだ、と思うようになる。こうして、眞人は、ナツコを「母さん」と呼ぶことができるようになる。

戦後の日本人が、戦争の死者との間に築くべき関係も、これと同じ形式をもつ。日本人は、戦争の死者たちが信じていたことを否定するような正義や善の観念を受け入れなくてはならない。にもかかわらず、死者を見捨てたことにはならない……というような関係が必要になる。

もっとも、「戦後の日本人－戦争の死者」の関係を「眞人－母」の関係で喩《たと》えた場合には、ハードルは大幅に下げられている。眞人の実母は、戦争で死んだのだが、しかし純粋な被害者であって、戦闘行為に参加していたわけではない。また、最初の母と二人目の母とは仲のよい姉妹であって、妹は、姉の遺志を引き継ぎ、眞人をよく育てたいと思っているし、姉である眞人の最初の母が、妹に思いを託したと解釈することに困難はない。しかし、実際の戦争の死者に関しては、このような都合のよい条件は用意されていない。

「虚構＝現実」への逃避

『君たちは』というアニメは、太平洋戦争の末期を時代として設定しており、それゆえ当然、私たちは、日本の近代史というコンテクストの中で、この作品を解釈してきた。だが、このアニメから、このような時代的・状況的な限定とは独立の教訓を得ることもできる。まず前節で述べたこと――「現実《リアリティ》」と「虚構《フィクション》」の関係をめぐる論点――を確認しておこう。「現実」と「虚構」は必ずしも対立しない。それどころか、「現実」は、「虚構」のナラティヴを通じて、その規範的な意味を与えられる。このように論じておいた。

眞人は、大伯父の提供する「虚構」を受け取るのを拒否した。その「虚構」は、それなりに立派なものに見える。それは、「西洋文明」をモデルとした、平和で豊かな世界を指向するナラティヴのかたちをとっている。眞人は、しかしこの「虚構」を受け取らなかった。ここまで、日本の敗戦という固有の事情を背景にして、その意義を説明してきたが、こうした背景を無視しても、眞人の拒絶には意味がある。なぜか？

「現実」を枠づけている「虚構」には、ある種の危険がともなう。「虚構」が十分に包括的な視野をもっていなかったときに、である。人間の悪意、人間の弱さ、人間の自由への意志等々、何であれ、「虚構」の視野に入っていなかったときに、どうなるだろうか。「虚構」は、「現実」のあるべき姿、「現実」がそうであるはずの姿を指定している。そのため人は、「虚構＝現実」から逸脱する事態を直視することができない。そのような事態は、ありえないこと、あるはずのないことだからだ。

では、そのような逸脱があったとき、何が起きるだろうか。その逸脱的な現実を回避し、純粋な「虚構」の中に逃避するだけであれば、それは無害だ。しかし、その「虚構」が「現実」の規範的な像を指定していることを考慮に入れなくてはならない。逸脱的な事態が出来《しゅったい》したとき、「虚構」と一体化した「現実」への逃避、とでも見なすべきことが生ずるのだ。「現実」への逃避とは、世界を「虚構＝現実」と整合する形態に、暴力的に改造しようとすることを含意する。

いくつもの戦争や虐殺は、実際に、そのようにして実行された。たとえば、「五族協和」の「大東亜共栄圏」という「虚構＝現実」は、平和で美しいものに見える。だが、この「虚構」は、東アジアの人民が日本や天皇に特別な好意も敬意も抱いていないという、当たり前の事実を計算に入れていない。この事実を直視し、受け入れる勇気がない者は、戦争へと向かうことになる。

ナチス・ドイツの場合も同様である。彼らの「現実」を規定している「虚構」は、ゲルマン民族の豊かで調和的な世界を描いている。この「虚構」は、１９３０年代の資本主義の実情を無視している。資本主義がもたらす葛藤や無秩序や混乱が考慮に入れられてはいないのだ。そうした葛藤・無秩序・混乱等は、「ありえないこと」だということになる。その「ありえないこと」が起きたのはなぜなのか。その原因は「ユダヤ人」にある、とされた。そのような認識の帰結が、ホロコーストである。

「現実」を意味づけるのに、人はどうしても「虚構」を必要とする。しかし、「虚構」は、ときに、そこから逸脱した現実を直視し、その現実に対応する勇気を人から奪うことになる。その結果の臆病さが、とてつもなく大胆な戦争や虐殺や犯罪の原因にもなる。いかにもよさそうな「虚構」の物語を拒絶することには、だから、十分に合理的な根拠がある。

問題は「その後」である

さて、最後にもう一度、『君たちは』が背景としている状況、太平洋戦争の末期という状況に立ち戻ろう。主人公の眞人は、冒険の果てに出会った先祖から、崇高な役割を託される。が、眞人は、その役割を引き受けない。物語の常道に反するこのような展開には、積極的な意味がある、と論じてきた。それは、太平洋戦争の敗北の、正しい受け取り方である。

が、しかし、そうだとするとこのアニメは、最も大事なこと、描くべきことを描いていない、ということにもなる。肝心なことは、「この後」である。自分は「悪」に汚染されているとして、大伯父の要請を拒否した。それはよい。が、ほんとうのドラマ、ほんとうの苦闘は、この後にある。どうやって、「悪」から出発して、「善」を立ち上げるのか。自らの中に残る「悪意」をどのようにして克服し、「善」の立場を獲得するのか。そこまで行ったとき、初めて眞人は、大伯父が担っていた立場を引き受けることができる。

*1　ハクは、『君たちは』でのヒミに対応する。主人公にとっての最も有力な援助者である。

*2　1997年の『もののけ姫』は、明確に日本の中世（室町時代かと思われる）を舞台としており、時代の雰囲気を網野善彦の史学などを踏まえて描いている。が、この時代設定自体が、私たちの現代の現実からの断絶を強調することを主眼としており、また「タタリ神」などの神々が登場し、この作品もリアリズムに反するファンタジーの様相を呈している。

*3　その犠牲者を救出し、解放したのが、日本（人）に対して好意をもっているアメリカだ……という構図になる。だが、アメリカは、日本人にとって、つい昨日までの敵である。そのアメリカが急に、善や正

義の体現者として日本人を助けにやってくる。とするならば、日本人は、アメリカに愛され、承認される善人でなくてはならない、ということになる。

＊4　伊丹万作「戦争責任者の問題」『伊丹万作全集1』筑摩書房、1961年。

＊5　太宰治「十五年間」『グッド・バイ』新潮文庫、1972年。

＊6　太田啓之「《巨石が統べる異世界の正体とは?》」https://bunshun.jp/articles/-/65954

＊7　私は、連載時に、この部分に関して、眞人の本来の母親は空襲で死亡したという趣旨のことを書いたが、読者の指摘で、製作者たちが、あれは病院の火事であって空襲ではない、とインタビューの中で語っていることを知った。と同時に、同じインタビューによると、多くの視聴者が、私と同様、病院の火事を米軍の空襲によるものと「誤解した」ようだ。要するに製作者の意図では、眞人の母は、空襲で死んだわけではない。が、この指摘を受けて、私はふしぎだとも思った。それならば、どうして、製作者たちは、眞人の母は夜中の病院の火事で死んだという話にしたのだろうか。物語上重要なのは、製作者の意図からすると、眞人が少年時代に母親と死別した、ということだけであるはずだ。すでに入院している母親を、わざわざ空襲を連想させる火事で死んだことにする必要はない。私は、フロイト流の精神分析で、夢の解釈に際して分析医に与えられる、教科書的な注意を思い起こす。たとえば患者が、前の夜に見た夢の中に「女の人」が出てきたが、その人が誰なのかよくわからない、と語る。そして患者が「ただ、あの人が母ではないことだけは確実です」と付け加えたとする。精神分析の教えによれば、患者が

あえて「否定」するということは、夢の中の女はまちがいなく母親である、と解釈せねばならない。このとき患者は嘘をついているわけではない。しかし、夢を通じて示される無意識の真実は、女が母親だったということである。「あれは空襲ではない」という主張には、これと似たものを感じる。少なくとも――インタビューからわかるように――製作者たちが「病院の火事」のシーンの表現に、かなり力を入れたということは確かである。

III

ガザ戦争と普遍的な価値

初出
1 『一冊の本』 2024年 2月号
2 同 同 3月号
3 同 同 4月号
4 同 同 5月号
5 同 同 7月号
6 同 同 8月号

1　ガザ戦争とは何か

これはジェノサイドである

2023年10月7日に、ガザ地区のハマースが、突如としてイスラエルを攻撃したことで、戦争が勃発した。ガザ側の武装勢力とイスラエルの間のこの戦争（ガザ戦争）に関して、すぐに、ある陰謀論が流布した。戦争の引き金となったハマースの襲撃は、ハマースの指導者とネタニヤフ政権のトップとが共謀して引き起こしたものではないか、と。少なくとも、ネタニヤフらイスラエル側の一部の政治家は、ハマースの襲撃を事前に知っていたのではないか、と。

この陰謀論はもちろんまちがっている。ネタニヤフ首相を含むイスラエルの指導者たちは明らかに、ハマースの攻撃を予期してはいなかった。ハマースの突然の侵入を許した直後の、彼らの狼狽ぶりからもそのことは明らかだ。ハマースの襲撃で、イスラエル国内でのネタニヤフ首相の支持率も大幅に低下した。戦争になると、リーダーとなる政治家の人気が高まることが多いが、今回のハマースとの戦争では、ネタニヤフの評価は大幅に低下した。極端に右寄りのネタニヤフは、もともと国民一致の支持を受けていたとはとうてい言えないのだが、それでも、左派でさえも認めていたネタニヤフの「とりえ」は安全保障にあるとされていた。が、ハマースの攻撃は、ネタニヤフのその「とりえ」を打ち砕くものだった。

だから、ハマースの襲撃は、ネタニヤフの政府との共謀の産物ではないし、ネタニヤフらが黙認していたがゆえに可能だったことでもない。が、それでも、この陰謀論に説得力を与えてしまう理由もあった。つまり陰謀論そのものは誤りだとしても、これをまことしやかなものにした状況は確かに存在する。イスラエルの監視や諜報《ちょうほう》の能力を思えば、イスラエル政府が容認していたと考えたくなる……といった消極的な理由とは別に、もっと積極的に、まるで秘密の共謀があったかのようだ、と思わせる背景があるのだ。

*

それは次の事実に関係している。すなわち、目下、ガザ地区でイスラエルの軍隊が行っていることは、ジェノサイド（大量殺戮）だ、ということ。ジェノサイドとは、国民、民族、人種、宗教教団など、あるカテゴリーの集団そのものを破壊する意図をもった殺戮行為である[*1]。

イスラエルのガザ地区への攻撃はもはや、自衛や反撃のレベルを超えている。もちろん、一般市民を殺害したり、誘拐したりしたハマースの襲撃は非難されてしかるべきであるし、これに対してイスラエルは反撃する権利がある。しかし、イスラエルが今やっていることは、ハマースの軍事部門への反撃というレベルを大幅に超えている。一般市民が大量に巻き込まれて死ぬことを承知でなされる爆撃や戦闘行為は、ジェノサイドと見なさざるをえない。[*2]

が、それにもかかわらず、現在のガザ戦争においては、正当な自衛や反撃の延長線上で、つまり自衛と反撃の一部であるかのようなふりをして、ジェノサイドがなされている。言い換えれば、ジェノサイドが、自衛・反撃の仮面をかぶることができている。このことが、陰謀論に真実らしさを与えているのだ。

なぜなら、イスラエル政府はガザ戦争よりずっと前から、アラブ人のジェノサイドを、あるいは――ジェノサイドまではいかないとしても少なくとも――いわゆる「民族浄化」をもくろんできたように見えるからだ。民族浄化とは、ひとつの地域からひとつの民族を抹消することである。それには、強制移住や排除、あるいは多数派民族への同化などさまざまなやり方がある。ジェノサイドも民族浄化のひとつの方法だ。イスラエル政府は、アラブ人の民族浄化をめざしてきた。

まず、16年を超えるガザ地区封鎖のことを考えてみるとよい。この場合、「封鎖」とは、人間や物資の出入りを完全に統制し、著しく制限することであり、ガザ地区は「世界最大の野外監獄」などと言われてきた。簡単に言えば、封鎖は、ガザ地区の住民を、ただ生きているだけの動物と同じレベルで扱うことを意味している。このたびのハマースによる攻撃の後、イスラエルの政治家がしばしば、ハマースのことを「動物human animal」(国防相ヨアヴ・ガラント)や「化け物human monster」(大統領イツハク・ヘルツォグ)に喩えているが、ガザ地区封鎖以降ずっと、イスラエル政府は、ガザ地区の住民たちを、動物園の動物のように扱ってきた。

ガザ地区だけではない。ヨルダン川西岸地区で進行していることは、一種の民族浄化であった。イスラエルは、西岸で、1967年の占領以降、より顕著には1993年のオスロ合意以降、国際法に違反して、入植地を建設し、拡大してきた。入植者は、イスラエル軍の公認のもと、あるいはイスラエル軍と一緒になって、パレスチナ系住民を追い出し、彼らに対して――しばしば殺人にまで至る――日常的な暴力をふるってきたのだ。2023年の上半期だけで、入植者によるパレスチナ系住民への暴力は600件あり、23年1月1日から9月19日までに、189人のパレスチナ人が、入植者と軍によって殺害された。毎月、100件の暴力事件があり、20人のパレスチナ人が殺されてきたのだ。

どうして、イスラエルは西岸を完全に自国の領土に統合しないのか。西岸地区は、ファタハが自治政府として統治していることになっているが、ファタハは、イスラエル政府の下請けのようなものなので、西岸はすでに、イスラエル政府が実効支配している状況だ。イスラエルが西岸を自国領として統合しないのは、パレスチナ人への寛容からではない。イスラエルは、自らを西洋風の「民主的体制」だと自慢しているわけだが、今、西岸を統合すると、国民としてカウントされる人口の中に占めるパレスチナ系の有権者の比率が急に増え、(ユダヤ人にとって) めんどうなことになる。イスラエル政府は、十分に民族浄化が進捗した後に、西岸を統合しようとしているのではないだろうか。

イスラエル政府は、とりわけネタニヤフ政権は、戦争が始まるより前から、民族浄化を果たし、パレスチナ人をこの地上から抹消することを夢想していたように見える。たとえば、この政権で国家治安大臣を務めているイタマル・ベン＝グヴィルは、1994年にヘブロンで29名のパレスチナ人イスラーム教徒が殺害された事件(マクペラの洞窟事件)の首謀者との関係がとりざたされたほどの過激な右翼で、あまりに極端な反アラブ思想ゆえにイスラエルの軍隊への入隊すら許されなかった人物である。かつては自国の軍隊すらも許容しなかったほどの過激なテロリストが、今や閣僚の一員なのだ。

ハマースの襲撃は、ネタニヤフ政権がひそかに望んでいたこと——つまり最も徹底した民族浄化としてのジェノサイド――を実行するための「口実」になってしまった。ハマースとの共謀説が流布したのは、このためである。ネタニヤフは、ガザのパレスチナ人を、ヘブライ聖書に出てくる「アマレク人」に喩えている。アマレク人は、イスラエルに対する迫害者で、イスラエルの民は、アマレク人を一掃すべき使命を帯びていることになっている。

ハマースがロシアで、イスラエルがウクライナなのか？

このガザ戦争をどのように特徴づけたらよいのか。世界史のコンテクストの中で、この戦争をどのように見定めるのが正しいのか。同時に進行しているウクライナ戦争と比較してみよう。

ウクライナのゼレンスキー大統領は、ヨーロッパを守るために戦っている、と主張する。この自己理解は、おおむね正しい。ウクライナ戦争は、ウクライナとロシアの国境線をめぐる紛争ではない。ウクライナは、ヨーロッパを、西洋（西側）を代表して戦っているのだ。プーチンのロシアを戦争へと駆り立てているのも、ヨーロッパに対する劣等感、ヨーロッパへのルサンチマンだ。プーチンは、そしてロシアはヨーロッパ＝西洋に憧れてきたが、憧れの対象から拒否されたとき、あるいは憧れの対象の位置に到達することが不可能だと見たとき、その憧れの対象が憎悪の対象へと転ずるのはよくあることだ。戦争は、ロシアとヨーロッパの間に立たされていたウクライナが、はっきりとヨーロッパの側を選択したときに、始まった。

ウクライナ戦争で賭けられているものは、ヨーロッパ＝西洋である。プーチンのロシアの狙いもヨーロッパにあり、仮にウクライナを併合しても、それで戦争が終わるということはないだろう。[*3] 西洋の側も、戦争のこのような性格をよく理解している。その証拠に、NATOもアメリカもウクライナを支援している。

この場合、ウクライナとその支援者が防衛しようとしている西洋とは地政学的な単位（だけ）ではない。西洋によって表象されている理念や価値が——自由や平等や民主主義や人権や多文化主義等々が、賭けられているのだ。ゆえに極東の日本も、西側の一員としてウクライナの側に立つことになる。日本も、西側と同じ価値観を共有している（ことになっている）からである。プーチンの方も、西洋に象徴される価値や倫理を攻撃のターゲットとしている。プーチンが、たとえばLGBTを批判し、その権利を否認するのは、現代の西洋的な価値を拒否しているということの態度表明である。

ゆえに、ウクライナとロシアの間の戦争は、単純化してしまえば、西洋と反西洋の対決として図式化することができる。[*4] ではガザ戦争の場合はどうなるのか。

＊

ハマースからイスラエルへの不意打ち的な襲撃があった直後に、アメリカは、ハマースを非難し、イスラエルへの全面的な支持を表明した。ロシアのウクライナへの侵攻と、ハマースのイスラエルへの攻撃は、同じ意味で凶悪だというわけだ。ヨーロッパも、いくぶんかの留保をつけながらも、アメリカに追随した。日本も同様である。その上、イスラエルは西洋に属するし、パレスチナは非西洋であろう。したがって、次のような比例式が成り立つかのような印象を与える。

ロシア：ウクライナ＝ハマース：イスラエル……①

アメリカの行動は、この比例式を自明の前提にしている。

が、ほんの少し歴史的なコンテクストを考えれば、こんな比例式が成り立たないことは明らかである。今し方述べたように、ロシアは「ヨーロッパ」を攻撃対象にしていた。たとえば、ウクライナが、ロシアではなくヨーロッパに接近することを選んだことが、プーチン＝ロシアを憤激させた。それに対して、ハマースは、イスラエルがヨーロッパ的・西洋的だから攻撃を加えたわけではない。

確かに、「10月7日」のその瞬間だけをとれば、宣戦布告も予告もなしに境界線を破り、国際法に反する攻撃を加えたのは、ハマースの方である。だが、ほんのわずか歴史的なコンテクストをふりかえれば、ハマースの状況は、ウクライナとはまったく似ていないとわかる。ガザ地区のパレスチナ人は、16年以上も封鎖されていたのだ。彼らは、巨大な強制収容所に閉じ込められているようなものだ。ハマースは先制攻撃を行ったのではなく、むしろ、イスラエルによる封鎖に対して反撃したと解釈できる。

ウクライナ戦争とあえて対応させるならば、パレスチナに似ているのは、ロシアではなくウクライナの方である。そして、イスラエルは、どちらかと言えばロシアに対応するだろう。実際、もしロシアに負ければ、ウクライナは、現在のパレスチナのような状況に置かれることになるだろう。

ゼレンスキー大統領は、ハマースの襲撃があった直後にも、またそれ以前にも、イスラエルとの連帯を表明してきたが、それは、倫理的には完全に誤った選択である。ゼレンスキーは、自分たちの運命を——イスラエルにではなく——パレスチナ人に重ね合わせて考えるべきだった。おそらく彼は、純粋に戦略的な理由によって、イスラエルを支持したのだろう。ウクライナは、アメリカとヨーロッパからの支援を——とりわけ前者からの支援を——必要としていた。とすれば、ウクライナとしては、アメリカが熱心に応援しているイスラエルの側に加担する方が有利だということになる。
では、比例式①の右辺の項を反転させて、

ロシア：ウクライナ＝イスラエル：ハマース……②

でよいのか。これは①よりはましだ。が、ことがらの本質を捉えるには、この②式でも不適切である。ウクライナ戦争は、ヨーロッパ的なもの、西洋性をめぐる戦いだったが、イスラエルとハマースの間の戦争に関しては、そのように把握するわけにはいかない。ウクライナは、ヨーロッパや西洋を代表して戦っていることになっているが、ハマースは、西洋的な理念や価値を擁護しているわけではない。ならば、ガザ戦争を、どのように理解すればよいのか。

ガザ戦争の歴史的背景

パレスチナで紛争が起きている究極の原因は、この地にユダヤ人が入植し、イスラエルを建国したことにある。ユダヤ人は、誰もいない土地にやってきたわけではない。そこには、別の民族、別の人々が住んでいた。主にイスラーム教を信じるアラブ人たちが、何百年も住み続けていた土地に、イスラエルという国が打ち建てられたのだ。イスラエルが建国されたのは、1948年5月である。

これは最も露骨な植民地主義（コロニアリズム）の手法である。植民地主義とは、「先進国」が、国境外の遠隔の土地を――しばしば先住の他者たちがいる土地を――植民地として獲得し、そこを支配する政治活動を、さらにその活動を正当化する思想を指している。ここで留意すべき重要なことは、植民地主義は、ヨーロッパだけに見られた思想と行動だということだ。他の文明には、植民地主義はなかった。ヨーロッパの諸国だけが、ある時期以降――いわゆる大航海時代以降の広義の近代化の過程で――、植民地主義の熱心な遂行者となったのだ。植民地主義は、非常にヨーロッパ的・西洋的な現象である。この植民地主義のアイデアの現実化として、イスラエルが建国された。

植民地主義には、しばしば人種主義が随伴している。植民地における先住民や奴隷の支配・搾取は、人種主義によって正当化される。イスラエル建国という植民地主義も、一種の人種主義とセットになっている。アラブ人たちへの人種主義的な差別や排除というかたちで、それは実践されてきた。

民族浄化は、過激な人種主義の現れである。先ほど、ヨルダン川西岸地区での民族浄化的暴力に言及したが、そもそも、イスラエルの建国が、民族浄化の試みとセットになっていた――このように歴史学者のイラン・パペは主張している。[*5] 建国時に始まった民族浄化が、今日まで継続しているのである。あるいは、ガザ地区の封鎖はアパルトヘイトである。かつて南アフリカにあった人種隔離政策と同種のものだ。[*6]

＊

だが、ユダヤ人のパレスチナ地域への入植には、通常の植民地主義とは異なる歴史的事情がある。誰でも知っていることだが、大事なことなので復習しておこう。イスラエルは、ユダヤ人自身がヨーロッパで受けていた史上最悪の人種主義的な差別・迫害に対する補償として、ヨーロッパによって与えられたものである。ナチスは、ユダヤ人を差別し、文字通り、その存在を完全に抹消しようとした。それがホロコーストである。ヨーロッパの人々は、ユダヤ人をかくも激しく排除し殺害した人種主義（ナチズム）を、自分たちの中に生み出したことに、大きな罪の意識を覚えた。その償いとして、第二次世界大戦の戦勝国（国際連合）がユダヤ人に与えた土地が、イスラエルの領土になった。

シオニズム――パレスチナにユダヤ国家を建設しようという政治的プロジェクト――は、もともとは、ユダヤ人自身が発案したことである。きっかけになったのは、19世紀末にフランスで起きたドレフュス事件だ。ドレフュス大尉が、国家機密漏洩《ろうえい》の罪に問われ、終身刑の宣告を受けたのだが、それは冤罪《えんざい》だった。彼がユダヤ系であったことが、冤罪を招いたと考えられる。軍人になるほどの愛国者で、ヨーロッパ社会に同化しているユダヤ人でさえも差別を受けるのならば、もうユダヤ人自身が、自分たちのために、自分たちの国を建てるしかない。こう考えたジャーナリスト、テオドール・ヘルツルが、1896年に出した本『ユダヤ人国家』で唱えたのが、シオニズムである。

シオニズムは、しかし、当初、多くのユダヤ人の賛同を得たわけではない。ユダヤ人の間でも、まったく人気がなかったという。すでにそれぞれの土地や国に同化し、そこで暮らしているのに、未知の土地へわざわざ移住するのは、あまりにも困難が大きい。そもそも、神がメシアを遣わしたわけでもないのに、人間の手で、神が与えた試練（ディアスポラ＝離散状態）を終わらせるなど、ユダヤ教自体の観点からして、冒瀆《ぼうとく》的だ。[*7]

だから、シオニズムは、19世紀末に唱えられはしたが、ユダヤ人自身も、これに積極的に加担してはいなかった。だが、第二次世界大戦後、これが、戦勝国によって再発見され、利用されたのだ。ヨーロッパの反ユダヤ主義を克服するには、そしてたいへんな犠牲を強いられたユダヤ人を救済するには、ユダヤ人に土地を与え、ユダヤ人の国家を造らせるしかない。とはいえ、そんな土地はどこにあるのか。探しても適当な場所は見つからない。そのとき、（一部の）ユダヤ人が唱えていたシオニズムが思い起こされたのである。あれがあったではないか、と。

国連総会で、パレスチナ分割案が採択されたのは、1947年11月29日である。これによって、アラブ人の「ナクバ」が始まる。ナクバとは、何十万人ものアラブ人が故郷を追われ、難民化した災厄のことを指す（パレスチナ難民がこのとき生まれる）。ユダヤ人のホロコーストへの償いが、アラブ人のナクバをもたらしたということになる。

ここで強調しておきたい。ユダヤ人がその犠牲者となった人種主義の性格に関することだ。反ユダヤ主義は、当然ながら、ヨーロッパ的――キリスト教圏の――現象である。特に問題なのは、ナチスの反ユダヤ主義だ。異質な他者に対する偏見や差別意識のようなものはどこにでもある。しかし、ナチスの人種主義は、そのようなありふれた差別のひとつとは言い難い。何百万人ものユダヤ人を外からは見えないところに隔離し、虐殺したこの人種主義は、ある過剰さをもつ。すなわちそれは、ユダヤ人を殺害し、排除しようとするだけではなく、「ユダヤ人が存在していた」という事実そのものすらも消し去り、排除しようとしていたように見えるのだ。

重要なのは、この過剰性を帯びた人種主義は、ドイツで生まれたということだ。ヨーロッパの外でも、その辺境でもない。ヨーロッパの中心のひとつ、音楽や哲学や文学によく表れているようにヨーロッパ的な精神・文化の精髄を代表する場所で、ナチズムは生まれ、成長した。ナチズムにおいて現れた人種主義を、ヨーロッパ性からの周辺的な逸脱のようなものと解釈するわけにはいかない。この人種主義もまた、ヨーロッパ的なものの、何らかのかたちの具体化と見なくてはならない。直接的にはナチスが行ったホロコーストに対して、西洋の全体が罪の意識を抱き、それを償おうとしたことには、だから理由がある。

西洋近代の罪悪

したがって、ガザ戦争をその淵源《えんげん》にまで遡るのならば、ヨーロッパの犯した大きな罪があると言わざるをえない。それは、過剰な人種主義である。ユダヤ人はその犠牲者だ。ヨーロッパはしかし、その罪を償う上で、もう一度、過ちを犯した。すでに多くの住民が住んでいる場所を、あたかも自分たちが自由に処分できる土地であったかのように、ユダヤ人に与えたのだ。このやり方を支持し、正当化していたのが、ヨーロッパの伝統でもある植民地主義である。パレスチナのアラブ人は、この植民地主義の犠牲者である。

　こうして全体の構図を見ると、あらためて気づくことになる。ユダヤ人とパレスチナ人との間の合わせ鏡のような関係に、である。もともと、ユダヤ人を特徴づけていたことは、自分たちがともに住むための定住地をもたないという意味でのディアスポラだった。シオニズムは、このユダヤ性の否定・克服である。するとどうなったか。ディアスポラという規定は、今度はパレスチナ人の方に転移されたのだ。パレスチナの人々が故郷を奪われ、帰ることができなくなったのである。

ユダヤ人は、ヨーロッパの極端な人種主義に苦しめられた。しかし、そのユダヤ人が今度は、パレスチナで、似たような人種主義に基づいて行動している。今節で私は、イスラエル軍のガザ地区への攻撃はジェノサイドであると、繰り返し述べてきた。この"genocide"という言葉は、20世紀の造語である。この語は、ユダヤ人へのホロコーストを指す語として、ユダヤ人自身によって、第二次世界大戦の末期に造られた語だ。[*8] この語が今や、ユダヤ人による他民族の殺害を指し示すために使われている。

*

さて、ガザ戦争の本性をどのように規定すればよいのか。これが当面の問いであった。この戦争自体が全体として、西洋(ヨーロッパ)近代の罪悪、西洋(ヨーロッパ)近代の過ちの表現になっているのだ。罪悪——西洋が近代というフェーズの中で犯した過ち——とは、植民地主義と人種主義である。

ウクライナ戦争では、「われわれ」(ウクライナ側)にとって、「西洋」は防衛すべき、あるいは実現すべき崇高な理念を表現しており、それはよきシンボルだった。それに対して、ガザ戦争は、その全体で、西洋の失敗を具体化している。「西洋」は悪しきシンボルである。

後者の戦争には前者の戦争にはない困難がある。問題の「解決」を思い描くことが難しいのだ。ウクライナ戦争の場合は、「われわれ」が勝利し――ロシアを本来の国境線まで撤退させ――、戦争を終わらせれば、それが一応の解決ということになる。しかし、ガザ戦争では、どちらかが勝利して――つまり一定の戦果を上げて――、停戦に至ったとしても、それはまだ解決ではない。戦争そのものをもたらした（西洋の）罪悪が残っているからである。

また、ガザ戦争の性格についてのこのような洞察を、ウクライナ戦争の方に差し戻してみることにも意味がある。ウクライナ戦争では、漠然と「西洋」の一般がよきものとして、守るべきものとして措定されている。だが、「西洋」とは何なのか。西洋のどの側面を、どの西洋をめざすべきなのか。「西洋」という複合体の中には、植民地主義や人種主義も含まれているとするならば、西洋のすべてを目標にするわけにはいかない。だが、自由や民主主義や人権などといったことを含意する西洋のよき部分と、西洋の悪しき部分とは、どう関係しているのだろうか。前者を、後者から純粋に切り離して選ぶことは（いかにして）可能なのか？　両側面はともに、西洋なるものに本質的に内在しているのだとすれば、どうするのか？

ガザ戦争に戻ろう。この戦争は、西洋近代の二つの絡まり合った罪悪を圧縮して具体化している。どちらかの陣営が加害者でどちらかの陣営が被害者であるならば、解決の像を描くことはできる。しかし、どちらも犠牲者であるならば、どちらかの犠牲を解消することが、相手にその犠牲を転移するだけである場合には、どこに解決への道があるのか？

そして何より、こう問おう。この戦争を前にして、日本は、日本人は何をすべきなのか？　日本人としてなすべきことはあるのか？　問題の焦点に「西洋」があるとき、日本は何をなすべきなのか？

＊1　ガザで起きていることはジェノサイドだ。岡真理がこのことを声高に、そして的確に訴えている。私は、ガザ地区やヨルダン川西岸地区を含むパレスチナとイスラエルの現状に関して、岡真理の緊急講義から多くを学んだ。細かく出典を示さないが、本節に記す事実の多くは、以下の著書に負っている。岡真理『ガザとは何か――パレスチナを知るための緊急講義』大和書房、2023年。

＊2　2024年1月11日に、国際司法裁判所で、イスラエル軍によるガザへの攻撃がジェノサイドにあたるかどうかの審理が始まった。南アフリカの提訴による。「どうして南アフリカなのか」ということにも重要な意味があるのだが、ともあれ、ジェノサイドであるかどうかということが国際司法の場で正式に問われている。

＊3　ロシアのラブロフ外相は、ロシアはどこまでのことを求めているのかという質問に、少なくともヨーロッパ全体が非軍事化されなくてはならない、と答えた。その意味するところは、最低でも、ＥＵをロシアの影響圏に入れることが目標だということだ。

＊4　この戦争のより厳密な説明については、以下を参照。大澤真幸『この世界の問い方』第1章。

＊5　イラン・パペ『パレスチナの民族浄化――イスラエル建国の暴力』田浪亜央江・早尾貴紀訳、法政大学出版局、２０１７年。著者のパペはイスラエル生まれのユダヤ人である。彼は、ユダヤ人による民族浄化を告発するその見解によってイスラエルで迫害され、出国せざるをえなくなった。彼はイスラエルの大学を辞し、今はイギリスの大学で教鞭をとっている。

＊6　２０１２年のアフリカ民族会議（ＡＮＣ）において、南アフリカの政治家のバレカ・ムベテは、自らもパレスチナに行って目撃したことをもとに、はっきりこう断言しているという。「イスラエルのやっていることは、南アフリカのアパルトヘイトと比較できるだけではなく、それよりはるかにひどい（far worse）ものだ」と（岡、前掲書）。

＊7　岡、同書。

＊8　ポーランド人のラファエル・レムキンが、１９４４年に、「類」や「種」を意味するギリシア語genosと「殺害」を意味するラテン語cideを合体して造った。

2 「交響圏とルール圏」の一形態としての二国家解決

二国家解決の挫折

前節で、ガザ戦争は西洋近代の罪悪のグロテスクな具体化になっている、と述べた。西洋近代の罪悪とは植民地主義と人種主義である。戦っている両陣営はともに、これらの罪悪の――とりわけ人種主義の――犠牲者である。ならば、「われわれ日本人」にはあまり関係がないことだ、よかった……と考えたら大まちがいである。この点については、後の節でもう少していねいに論ずることになるが、とりあえず次のことを思い起こしておこう。明治維新以降の近代化の過程で、日本は基本的には、西洋を「手本」とし、社会のあらゆる側面で西洋のようになることをめざしてきた。日本人は、西洋に由来する理念や価値観を受け入れ、制度や法も基本的にはそれらに基づいて構築されている。

そして日本は、ウクライナ戦争においても、「西側（西洋）」の一員であると自ら宣言して、ウクライナを応援している。「西洋」がポジティヴなシンボルであるときには（ウクライナ戦争）、自分も西洋の仲間だと主張し、「西洋」がネガティヴなシンボルのときには（ガザ戦争）、自分とは無縁なことだという顔をするわけにはいかない。

＊

さて、パレスチナ問題に関しては、どう考えてもこれ以外にはありえないという解決案がある。「二国家解決 Two-state solution」である。二国家解決とは、パレスチナを主権国家として承認し、そのパレスチナ国家とイスラエルが平和的に共存する、という考えだ。これ以外に解決などありそうもない。実際、1993年9月13日にオスロ合意が成立したとき、世界中の人々は思ったはずだ。近いうちに、中東で、イスラエルとパレスチナが二つの主権領土国家として共存するときが来る、と。

だが、あれから30年余りが過ぎ、二国家解決とはまったく反対の方向へと事態は進行した。ガザ戦争で対立している二つの陣営、つまりハマースとイスラエルの現政権はともに、二国家解決を断固として拒否している。将来実現する二つの国家の間の境界線をどこに設定するかで意見が合わないわけではない。どちらも、自分たち以外の主権国家が存在することを許容していないのだ。

ハマースがイスラエルを認めていないだけではない。イスラエルの方も――少なくとも現在のネタニヤフ政権は――、相手（パレスチナ）が独立の国家として存在することを認めていない。前節で、イスラエルは建国以来ずっと、アラブ人の民族浄化をひそかにもくろんできたように見える——少なくともイスラエルの行動はそのように解釈されても仕方がない側面があった、と述べておいた。しかし現在のネタニヤフ政権の場合は、「ひそかに」ではない。むしろ、あからさまである。

このたびの（第六次の）ネタニヤフ政権は、発足の直前に、政策の基本方針を記した文書を発表した。その中で、次のように宣言している。「ユダヤ人は、イスラエルの土地のすべての部分に対して排他的で不可譲な権利を有する。政府は、イスラエルの土地のすべての部分において開発と入植を推進するだろう——ガリラヤでも、ネゲヴでも、ゴラン高原でも、そしてユダ・サマリア地区でも」[*1]。つまり、現ネタニヤフ政権は、パレスチナのすべての土地はユダヤ人のものであって、アラブ人にほんの一部も譲る気はない、と公言してきたのだ。

前節で論じたように、イスラエルの建国は、西洋が伝統的に行ってきた、暴力的な植民地化の手法に基づいている。あの土地がユダヤ人のものであることの根拠は——もしそのような根拠があるとしたら、の話ではあるが——、聖書に記された神の言葉しかない[*2]。イスラエルは、中東における唯一の純粋に世俗的な民主国家である、ということになっているが、最も肝心な、「領土」については神権政治の原理に従っている。もしイスラーム教徒が多数派を占めている国が、「コーランに書いてあるから」ということを根拠にある政策を採用すれば、西側諸国は激しく反発し、批判する。しかしイスラエルに対してだけは神権政治的な主張が容認されているのは、どうしたことだろうか。

ともあれ、もう一度、ポイントを確認しよう。パレスチナ問題の唯一の正解は、二国家解決であるように見える。が、イスラエルの現政権もハマースもこれを完全に拒否している。イスラエルの人々は、パレスチナ人が交渉のテーブルにつかず、イスラエルに攻撃を仕掛けてきたことを批判しているが、パレスチナ側が話し合いや交渉に応じないのは当然であろう。話し合いは、双方が、相手の利害に対して譲歩する覚悟をもっていなければ成り立たない。一歩も譲る気がないと宣言している相手との話し合いに応ずること自体が、自分たちの全面的な敗北を意味してしまう[*3]。

唯一の解答のように見える二国家解決はまったく機能していない。ということは、まだ何かが必要なのだ。まだ何かが足りていないのだ。どうすればよいのか。どんな工夫、どのようなアイデアと行動が必要なのか。

ここでは、この問題に対して答えを与えるのではなく、このことについて考えることに、パレスチナ問題に限定されない一般的な意義があるということを、説明しておこう。この問題について考えることは、望ましい社会をどのように構想すればよいのか、という主題の一般につながる含意をもつ。要するに、パレスチナの紛争は、社会構想論の一般に最も基本的な問いを突きつけ、その抜本的な再考を促してもいるのである。

交響圏とルール圏

この点を説明するためには、私の師である社会学者・見田宗介の社会構想論を基点に置いてみるのがよい。見田は、望ましい社会は、その最も基本的で骨格的な構造に関して言えば、「交響圏/ルール圏」という二層の構成になるはずだ、と主張している。[*4]「交響圏」「ルール圏」は、見田宗介の独自の用語で、その意味はこの後すぐに解説する。ここで「望ましい社会」は、「自由な社会」と同義である。つまりすべての人が平等な自由を享受している社会だ。そのような社会は、個人たちの単純な集合や連合によって成り立つわけではない。見田宗介によれば、自由な社会は、いくつもの多様な交響圏を基底にもち、それらをルール圏が包摂するという二重構造を基本的にはもっている。

これから解説する見田の社会構想論は、望ましい社会がもつべき価値観や理念や制度や法などの具体的な内容についてはすべてカッコに入れ、そのような社会の形式的な構造だけをとり出した抽象的な理論である。しかし、明晰《めいせき》な論理と妥当な事実認識に基づいていて、「そう考えるほかない」と思わせる説得力もある。

*

さて、人間はさまざまな原因によって幸福になり、また不幸になるわけだが、ここで反省してみると、幸福に関しても、不幸に関しても、原因の大半は他者（自分以外の他の人間たち）にあることがわかる。つまり、私たち人間にとって、他者は両極的な意味をもつ。他者は、一方では、歓びと感動の主たる源泉であり、他方では、不幸と制約のほとんどの形態の源泉でもある。前者は、友としての他者、愛の対象としての他者だ。後者は、（潜在的な）敵としての他者であり、上手につきあえば私（たち）の利益のために利用できるが、いつでも競合し、対立する関係に入ることもありうる他者だ。後者の他者は、憎悪や敵意の対象にもなりうる。見田の着眼は、これら二種類の他者は異なる社会的圏域に存在している、という点にある。

愛の対象としての他者の範囲は限定されている。人はすべての他者を同じように愛するわけではない。愛には排他性がある。誰をも同じように愛すると言っている人は、ほんとうは誰も愛していない。愛の対象となる他者は、心理的に近さを感じる他者であり、常に限られている。このような他者と私との関係は、相乗的である（つまり互いに豊かにし合うような関係である）。

それに対して、潜在的にはライバルや敵となりうるが、しかし何らかの目的のために必要としている他者は、今日、全地球的な規模で広がっている。このことは、私たちが日々使用したり消費したりする物のほとんどは、グローバルな分業の中で生産され、流通してきているという事実を思うだけでただちに理解できるだろう。しかし、特定の目的のために必要としている他者は、私（たち）と利害が一致しているがために協力し合っているだけなので、状況が変われば競争の相手ともなりうる他者、潜在的には敵でもある他者である。つまりこのような他者は不幸と制約の源泉となりうる他者であり、その存在範囲は、必ず社会の全域に及ぶ。なぜなら、少なくとも論理的には、すべての他者が、稀少な「価値ある物」をめぐる競争相手だからだ。つまりこのような他者との関係は、相克的（競争的）である。

このように、誰にとっても、極端に対照的な意味をもった二種類の他者がいるが、しかしそれぞれの他者が存在する領域が異なっている。この事実を考慮に入れれば、結局、理想の社会の構想、つまり真の〈自由な社会〉は、次のような二重性をもたなくてはならない。これが見田宗介の主張である。

① **関係のユートピア（コミューン）**

——交歓する他者たちとともにある共同体。これが交響圏である。

② 関係のルール（自由な連合）

――コミューン同士が、相互にその生き方の自由を尊重し侵さないために協定を結び、最小限度に必要な相互の制約のルールを明確化する。これがルール圏である。

自由な社会は、基本的には「コミューンたちの間の、関係のルールのもとでの自由な連合」という形態をとる。交響圏としてのコミューンたちが、ルール圏の中で平和に安全に共存し、必要な限りで協力し合う。「〈関係のユートピア〉・間・〈関係のルール〉」あるいは「交響するコミューン・の・自由な連合」という複層構造として、来るべき社会は構想されるというのが、見田の論である。

無論、これは、ことがらの本質だけを純化して捉えた理念型的なモデルである。ミニマムな交響圏としては、家族、恋人同士、あるいは「孤独を愛する者」のことを思えばたったひとりの個人だというケースもありうる――と見田は述べている。逆に包括的なルール圏は、グローバルなものになる。この交響圏の極とルール圏の極の間に、実際にはいくつもの層があるはずだ。が、この多層的な構造は、「交響圏／ルール圏」という関係を再帰的に繰り返すことで構成されている。より包括的で上位の社会圏との関係では交響圏であるような共同体は、その中に包摂されている、より下位の小さな集団との関係ではルール圏として現れることになる。

ゲマインシャフト・間・ゲゼルシャフト

「交響圏とルール圏」は、社会構想の「骨格の中の骨格」である。この構想の狙いを、社会学の歴史の中で最もよく知られている社会類型を用いて説明することができる。よく知られている社会類型とは、「ゲマインシャフト（共同態）とゲゼルシャフト（社会態）」である。この概念は、19世紀末から20世紀の初めにかけて活躍したドイツの社会学者フェルディナント・テンニースに結びつけられて記憶されている。[*5]

ゲマインシャフトとは何か。ゲゼルシャフトとは何か。テンニースは、いかにもドイツ観念論風の概念を使ってこれらを定義していて、わかりにくい。見田宗介は、20世紀中盤のアメリカの理論社会学者タルコット・パーソンズが導入した「パターン変数」を援用して、ゲマインシャフトとゲゼルシャフトの違いを実に明快に記述し直した。ゲマインシャフトとゲゼルシャフトの違いは、それぞれの内部の対他関係（他者との関係性）が、「非限定的diffused」か、それとも「限定的specific」か、という区別に対応している。たとえば、私たちは、友人や恋人や、あるいは家族に関しては、相手の全人格に対して愛着をもっているのであって、その人の特定の限定された側面だけを気に入っているわけではない。それに対して、商取引の相手や仕事のパートナーに関しては、私たちは、その人の機能的に限定された側面にだけ関心をもつ（私にとって有用な商品を提供できるか、私に利益をもたらす能力をもっているのか、等）。

普通の教科書には、この社会類型は、近代化の社会変動と関連づけられている。近代化は、「ゲマインシャフトからゲゼルシャフトへ」という変化だ、と。しかし、今示した定義から明らかなように、ゲマインシャフト＝前近代社会、ゲゼルシャフト＝近代社会となっているわけではない。前近代だろうが、近代だろうが、どんな社会も、「ゲマインシャフト・間・ゲゼルシャフト」という複層の構成をとっているのだ。たとえば、ある氏族と別の氏族が、共通の敵と戦うために同盟を結んだとする。このとき、それぞれの氏族はゲマインシャフトだが、氏族間の関係はゲゼルシャフト的である。

ここで、見田宗介に従って、ゲマインシャフトとゲゼルシャフトの区別を定義している「非限定的（人格的）－限定的（機能的）」という軸にもうひとつ、関係が「即自的か、対自的か」という軸を加えてみる。すなわち、関係が、当事者たちの意思に先立って自然発生したものなのか、それとも当事者たちの自由で自覚的な選択の結果なのか、という区別を考慮してみる。そうすると、図のような、四つの社会類型を導くことができる。

図　四つの社会類型

この二つの軸を直交させたことで、ゲマインシャフトに「共同体／交響体」、ゲゼルシャフトに「集列体／連合体」という区別がそれぞれ導入された。[*6] この四類型を用いるならば、見田宗介の社会構想「交響するコミューン・の・自由な連合」とは、「共同体・の・集列体」を「交響体・の・連合体」へと転換することだと見なすことができる。前者では、人々の関係性は自由な意識によって統御されてはいない。つまり、当事者たちには、共同体や集列体は自由に離脱できない束縛として体験される。しかし後者は、同じ「ゲマインシャフト・の・ゲゼルシャフト」であっても、内的な関係が、人々の自由で自発的な選択の産物として体験されている。

「カエサルのものはカエサルに、神のものは神に」なのか？

さて、社会構想の理論の解説はひとまずここまでとして、パレスチナの現場をふりかえってみよう。すると、ただちにわかるだろう。二国家解決は、「交響圏とルール圏」のフォーマットに適合していることに、である。二国家解決は、「交響体・の・連合体」の最もシンプルなケースにあたる。

イスラエルとパレスチナはそれぞれ、共通の信仰等によって媒介された同胞意識に基づく「交響するコミューン」である。両者を相互承認のルール圏に組み入れることが、二国家解決にほかならない。が、冒頭で論じたように、二国家解決はうまく機能していない。事態は、二国家解決からどんどん遠のく方向へと進んでいる。

要するに、「交響圏とルール圏」という構想(だけ)では対応できない紛争が存在するのだ。もしわれわれの社会構想のすべてが「交響圏とルール圏」の図式の中に収まるのであれば、それらは、ガザ戦争が露呈させている紛争に対しては無力である。紛争を解決するには、「交響圏とルール圏」を超えるもの、この図式の中には回収されない何かが必要になる。

だが、「交響圏とルール圏」は、可能な社会構想のすべてを包摂する一般的な論理枠組みではないか。どんな社会構想も、この論理枠組みの中のヴァリエーションではないだろうか。もしそうだとすると、パレスチナ問題は原理的に解決できない困難、どちらかが殲滅されなければ消えない紛争だという、まことに悲観的な結論が導かれることになる。

*

どうしたらよいのか。どのように考え直したらよいのか。ガザ戦争に即して具体的に考察することは次節以降にまわして、理論的なことだけ、最後に付け加えておこう。今節で、私たちは、見田宗介の短い論文を読むかたちで、社会構想論の基礎を見てきた。ここで直接参照した論文は２００６年に書かれたものだが、ほぼ同じことはその10年前に書かれている。つまり「交響圏とルール圏」は、１９９６年に提起されたアイデアである。[*7]

見田宗介は、そのさらにちょうど四半世紀前に、つまり１９７１年に、真木悠介の筆名で「コミューンと最適社会」という論文を発表している。[*8] この論文は、当時34歳の若い大学教員だった著者の、全共闘の学生たちへの応答として書かれたもので、内容的には、後の「交響圏とルール圏」の前史、その初期ヴァージョンとでも呼ぶべきものになっている。タイトルだけでも、そのことはわかる。「コミューン」が交響圏に、「最適社会」がルール圏におおむね対応している。

したがって、大まかに読めば、「コミューンと最適社会」の論点は、後の「交響圏とルール圏」の中にヴァージョンアップされて再現されている。が、前者の論文の終わりの方で、後者の論文には継承されなかった、とても繊細なことが論じられている。

先に述べたように、「交響圏とルール圏」という構想は、相乗的な関係性と相克的な関係性が異なる社会的圏域に属している、ということに最大の着眼点があった。「カエサルのものはカエサルに、神のものは神に」というわけだ。それに対して、「コミューンと最適社会」では、人間と物とを含むすべての「他なるもの」との関係には、二重の様態があって、両者を異なる社会的圏域には分離できないといった趣旨のことが論じられているのだ。二重の様態とは、(a)弁証法的な自己獲得の可能性につながる様態と、(b)反弁証法的な自己疎外につながる様態である。

具体例で説明しよう。多数の他者たちとの、労働における関係ということを考えてみる。それは、「(a)自己自身の労働の意味が幾重にも倍音をともなって増幅され豊饒《ほうじょう》化される機会でありうると同時に、(b)自己自身の労働の意味が収奪され(「盗まれ」)て他義化する機会でもありうる」。多くの人と一緒に協力して働くと、成果が大きいというのはもちろんのこと、特別に充実感があったり、達成感があったりすることがある。ひとりで何かをやったときより、みんなでやり遂げたときの方が歓びが大きい。これが(a)のケースである。しかし、多くの人と分業していると、自分が小さなつまらない歯車に過ぎないと感じたり、あるいは、自分がやったことだと思っていたのに、他人の業績として評価されてしまって不快に思うこともある。これは(b)のケースである。

「コミューンと最適社会」によれば、すべての関係性に、(a)自己獲得的な様態(自分を豊かにしてくれる側面)と(b)自己疎外的な様態(自分から何かが奪われていくように感じる側面)とが含まれている。(a)が相乗的な関係性につながる契機であり、(b)が相克的な関係性につながる契機であると解釈することができるだろう。

するとどうなるのか。非常に親密で互いに共鳴し合っているように感じる相乗的な関係の中にも、相克性へと結びつく様態がともなっている。親友や恋人や連れ合いに、自分の理解の及ばない謎を感じ、疎遠さに慄《おのの》くときのことを思うとよい。

そして逆のことも言えるはずだ。すなわちどんなに厳しく相克的で敵対的な関係性の中にも、相乗性へと転じうる様態が含まれている、ということになるはずだ。たとえば現在のパレスチナ人とイスラエル人のように憎み合い、戦争している関係の中にも、弁証法的に豊饒化する様態へと転化しうる要素が、相乗性へと変質する要素が含まれている……。もしほんとうにそうならば、これは希望である。この理論的で抽象的な予言に、現実に即した実質があるだろうか。

＊1　https://www.timesofisrael.com/judicial-reform-boosting-jewish-identity-the-new-coalitions-policy-guidelines/
＊2　前節で述べたが、もともと多くのユダヤ教徒はシオニズムを神の意思に反することとして、これを認め

ていなかった。ゆえにユダヤ教に忠実であったとしても、あの土地がユダヤ人のものとして現在主張できるかどうかは解釈が分かれるところである。

＊3　まったく譲歩するつもりがないと明言している側からの呼びかけに応じて話し合いのテーブルについたとしよう。このとき、呼びかけに応じた側は、まさにこの「応じる」という態度を通じて、自分たちの方は譲歩するつもりがある、ということを表明したことになってしまう。

＊4　見田宗介「交響圏とルール圏――〈自由な社会〉の骨格構成」『社会学入門』岩波新書、2006年。

＊5　テンニエス『ゲマインシャフトとゲゼルシャフト』上・下、杉之原寿一訳、岩波文庫、1957年。

＊6　「集列体」は、見田宗介が、サルトルの『弁証法的理性批判』（竹内芳郎・矢内原伊作訳、人文書院、1962年）から借りた概念である。（個人の）欲望の間の競合的な関係であるところの「ゲゼルシャフト的な関係」が意識的に統御されていないとき、それを集列的と呼ぶ。それに対して、約束や契約、あるいはルールの（自覚的な）設定などを通じて、ゲゼルシャフト的な関係が当事者たちの意思によって統御されているときには、それは連合的だということになる。

＊7　見田宗介「交響圏とルール圏――社会構想の重層理論」『岩波講座現代社会学26――社会構想の社会学』岩波書店、1996年。

＊8　真木悠介「コミューンと最適社会――人間的未来の構想」『人間解放の理論のために』筑摩書房、1971年。

3　内的な敵対関係

司法改革への反対運動――イスラエルにおける

パレスチナでの紛争の唯一の解決案は二国家解決だ……そのように思われる。では、たとえば、ガザ戦争が停戦に至ったとしたら、われわれは、ほんのわずかではあっても解決に近づいたと考えてよいのか。否、である。ガザ戦争に停戦が必要なことは確かだが、停戦は、現状では、恒久的解決への道にはなっていない。なぜなら、戦争の両当事者とも――イスラエルの現政権もハマースも――、二国家解決を拒否しているからである。両当事者にとって、解決は相手の消滅以外にはない、ということになる。二国家解決が役立たなければ、停戦が実現したとしても、解決にはまったく近づいてはいないことになる。

二国家解決が機能しないということは、前節で論じたように、社会構想論に対して致命的な課題を提起している。理想の社会は、どのような理念や価値観や制度を有するものであったとしても、基本的には、「複数の交響圏を包摂する単一のルール圏」という構造をもつほかないように思われる。二国家解決は、このような構造の最もシンプルなケースにあたる。二国家解決が働かないということは、「交響圏／ルール圏」という二層構造によっては解決できない紛争がある、ということを含意している。

とすれば、われわれは、この紛争の真の解決は諦めざるをえないのか。一方の他方に対する暴力的な抑圧や排除を容認するほかないのか。もちろん、軍事力の差異から判断して、抑圧・排除する側がイスラエル、抑圧され排除される側がパレスチナ人になるだろう。解決を諦めれば、仮に一時的に停戦が実現しても、長期的には、イスラエルによるパレスチナ人に対するジェノサイドを――あるいはそこまでいかなくても民族浄化を――黙認することになる。

*

ここで、ガザ戦争が勃発する直前、イスラエルで何が起きていたかを思い起こしておこう。ガザ戦争があまりにも大事件であったがために、かき消され、今では忘れられようとしているが、イスラエルでは、戦争の前にもかなり大きな出来事があった。この出来事についてのニュースも、世界中に配信され、広く報道された。もちろん、ガザ戦争についての報道ほどの大きな扱いではないが、この戦争がなかったら、これはこれで2023年を代表する国際的な重大ニュースのひとつになっていたに違いない。その出来事とは、ネタニヤフ政権による司法改革に対する大規模な抗議行動である。

ネタニヤフが率いる右派政権は、司法改革を推進した。この改革の基本的な狙いは、司法の力を弱めること、もっとはっきり言えば、政府に対する司法の独立性を事実上なくしてしまうことにある。たとえば、現行の基本法（憲法に相当する）のもとでは、政府や閣僚の決定を、最高裁は――これを「不合理」と判断したときには――無効にすることができる。ネタニヤフ政権は、基本法を改正し、最高裁のこの権限を奪おうとした。

三権分立の原則を否定するこの改革案に対してきわめて大きな批判があって、国民的なコンセンサスからはほど遠い状況だった。２０２３年7月に、改革案は国会（イスラエルは一院制）で可決されたが、このとき反対票がゼロだったのは、野党議員が採決をボイコットしたからである。結局、改革案は、年が明けてすぐに最高裁自身によって無効であると判断された。

ここで注目しておきたいことは、司法を政府に従属させようとした右派政権のこの改革案に対して、リベラルな市民たちが、何万・何十万人も参加する大規模なデモを繰り返して抗議したことだ。デモは、23年の初めから毎週末に行われた。国会での採決の前も、そしてその後も、である。デモには、軍の（一部の）予備役兵も、また主要な労働組合も加わった。

なぜ今、ガザ戦争そのものとは直接関係がない司法改革への抗議デモを思い起こしているのか。ここに、ガザ戦争という最も悲惨なかたちで現れている紛争を解決するための、小さな手がかりがあるからだ。いや、もう少し正確に言い換えよう。この抗議運動に、さらにもう「一歩」の踏み込みがあったならば、われわれは、「ここに問題解決のための鍵がある」とはっきりと言うことができただろう。しかし、その「一歩」はなかった。「あと一歩」のところまで来ていたことに希望を見るべきか。それとも、最も肝心な「一歩」がなかったことに失望すべきか。いずれにせよ、その「一歩」とは何を指しているのか、この後の展開（次節）の中で示すことにしよう。

共通の敵による団結

共通の敵がいると人は団結する、と言われる。さらには、団結のためには一般に、共通の敵が必要だと主張する者さえいる。23年の10月7日にハマースから攻撃を受けた後のイスラエルは、実際、この通念の通りの状況を呈しているとも言える。たとえば、今述べたように、イスラエルの国内には、司法改革への賛否をめぐって、ウルトラナショナリストの右派とリベラルな市民派との間で、激しい対立があったのだが、ハマースからの攻撃があった後には、それまで何カ月もの間市民派が毎週繰り返してきた反司法改革デモが止まった。

もっとも、「共通の敵」をもつということだけを根拠にした団結はきわめて脆弱《ぜいじゃく》で、はかない。このことは、現実に起きたことの観察を通じても、また心理学的な実験によっても、確認されている。「共通の敵」を媒介にした団結は、その敵との戦いが優勢に進んでいる間しか持続しない。戦いが劣勢になったとたんに、団結していたはずの個人やグループは互いを責め始め、その団結が崩壊へと向かう。

また、戦いが終わってしまえば――結果が勝利であっても敗北であっても――、団結は終わる。もともと一緒に戦っていた複数のグループは、敵が同じだということ以外に共通点をもたない。つまり彼らは利害や価値観を異にしている。そのため、勝った後には、主導権争いや戦果の奪い合いを始めることになる。負けた場合にはもっと悲惨で、敗因のなすりつけ合いが始まる。つまり「共通の敵」や「敵の敵」であるということによって結ばれた団結は、短期間に消滅する上に、次の戦いの温床にもなりうる。

だから「共通の敵」を得たことによって形成される団結など、たかが知れている。むしろ、われわれが注目しなくてはならないのは、逆の側面である。逆の側面とは次のような趣旨だ。敵対し合う二つの陣営がある。このケースでは、もちろんイスラエルとパレスチナである。よく見ると、これら敵/味方に分かれて対立している陣営もそれぞれ、一枚岩にまとまっているわけではない。それぞれの陣営が、その内部に深刻な分裂や敵対関係を――互いの間の戦争が始まる前から――孕《はら》んでいる。注目したいのはこちらの側面だ。

内的な敵対関係――ユダヤ人の側

まずはユダヤ人側から見ておこう。「イスラエル」とはせず、「ユダヤ人」としたのは、イスラエル国の外にいるユダヤ人をも視野に入れておきたいからだ。

イスラエルが、周辺の中東諸国に比べて軍事力や経済力において勝《まさ》っている原因のひとつ――しかも有力な原因――は、アメリカがイスラエルを支援しているからである。どうしてアメリカがイスラエル寄りなのかというと、アメリカ国内の親イスラエル・親シオニズムの団体、いわゆる「イスラエル・ロビー」が国内政治に絶大な影響力をもっているからである。イスラエル・ロビーは、多額の献金で政治家たちを支援している。イスラエル・ロビーの支持を得られなければ、選挙で当選することができず、国会議員にも大統領にもなることが不可能だ。[*1]

だが、アメリカにいるユダヤ系市民が全員、イスラエルやシオニズムを支持しているわけではない。いや、それどころか、はっきりと反シオニズムを掲げるユダヤ系の団体――「平和のためのユダヤ人の声」――もあり、彼らもロビー活動を行っている。親イスラエルと反イスラエルのユダヤ系アメリカ市民の数は、岡真理によると、半々くらいになるのだという（だが反シオニズム系の団体はお金がないので、政治への影響力が小さい）。[*2]

このアメリカのユダヤ系でしかも反シオニズムの団体のメンバー500人が、ガザ戦争が勃発してからおよそ10日を経た2023年10月18日、ガザで進行中のジェノサイドに抗議して、アメリカ議会施設を占拠した。彼らは、議会施設の外でも、抗議活動を行った。彼らの抗議において特に注目されるのは、「ユダヤ人」の名前において「犯罪（ジェノサイド）」がなされていることへの憤りである。岡真理が、抗議活動に参加したユダヤ人女性の発言を紹介している。[*3]

ユダヤ人だから、私たちにはそれ〔イスラエル政府が発している言葉がジェノサイドをもたらすということ……大澤による補足〕が分かります。だから、私たちは痛みを通して声を上げなければならない。私たちは声を上げなければならないのです。なぜなら、私たちはよく知っているから。

通常は、ホロコーストの記憶を根拠にしてユダヤ人を団結させ、それをパレスチナ人への憎悪へと転換させる。しかしこの女性の発言は、これとはまったく反対方向の心理的なルートがあることを教えてくれる。ホロコーストの歴史的記憶こそが、イスラエル政府の戦争行為への批判を導き、戦争の犠牲となるパレスチナ人の苦難への同情・共感へと結びついているのである。

まさに「ユダヤ人」であるということに自身のアイデンティティの根拠を置きながら、イスラエルが国家としてパレスチナで行ってきたことに批判的で、これまでの、あるいは現在のパレスチナの人々の苦しみをよく理解している学者や活動家がたくさんいる。ここまで何度も引いてきた、岡が緊急発言的に出した著書を読むだけでも、このことがわかる。たとえば、1節でその著書に言及した、イスラエルの建国以来の歴史を研究しているイラン・パペはそのひとりである。[*4] ガザの政治経済研究の第一人者であるサラ・ロイは、ユダヤ系アメリカ人で、両親がホロコーストの生存者だ。[*5] 彼女は、2008年末から09年初めにかけて、イスラエルがガザを攻撃したとき、「世界は60年かけて、難民を再び難民に戻すことに成功した」と書いた。あるいは、アメリカのユダヤ系ジャーナリストが立ち上げた、「モンドワイス（Mondoweiss）」というパレスチナに関する「独立系報道機関」がある。この報道機関のインターネット・サイトは、アメリカのどの報道機関よりも公平に、記事を出している。つまり、イスラエルにとっては都合の悪い内容の記事をも発表している。[*6]

＊

イスラエル国内に目を向けよう。イスラエルでは、18歳になると、性別に関係なく兵役に就くことが義務づけられている。しかし、兵役を拒否する若者もいる。正確な人数はわからないが、〝refusenik《リフューズニク》（「拒否する人」の意味）〟という呼び名があるくらいなので、決してごく少数というわけではない。「良心的兵役拒否」は形式的には合法的な権利として認められてはいるが、イスラエルでは、実際に許可されることはごく稀《まれ》である。つまり、兵役を拒否すればほとんどの場合、禁錮刑を受ける。それでも兵役拒否者は後をたたない。兵役拒否者を支援するネットワークもある。[*7] ２０２３年10月のハマースによる奇襲以降も、兵役拒否者は出ている。[*8] 彼らリフューズニクは、パレスチナ人に銃口を向けること、武力で対抗することをはっきりと拒絶してきた。ＡＦＰは、23年10月7日の奇襲で知人が殺害されて激しい怒りを覚えたが、それでも、兵役を拒否しようとしている18歳の女性のケースを伝えている。[*9]

　兵役に就いた者も、必ずしも喜んで、パレスチナ人を銃撃したり、殺害したりしているわけではない。そのことに著しい不快や苦痛を覚えている者はたくさんいる。「これは、武力によってではなく、政治によって解決すべき問題ではないか」と。

　The Gatekeepers（２０１２年）というドキュメンタリー・フィルムを撮った、ドロール・モレという監督がいる。この映画は、イスラエル総保安庁（Shin Bet）の6人の高官

へのインタビューによって構成されている。彼らは、アラブの「テロリスト」との戦いや、イスラエルの政治家の警護の前線に立って、指揮してきた者たちである。ここで注目したいことは、この映画を撮った後、モレが、*The Times of Israel*（オンライン新聞）の取材に答えて次のように述べていることだ。「私は、彼ら〔インタビューをした高官たち〕の目を通して、われわれの指導者（政治家）が、この問題〔イスラエルとパレスチナの問題〕を解決しようという意欲をもっていない、ということがわかった。政治家たちは、私たちが彼らに期待するような大胆さ、意志、勇気をもっていない」[*10]。これは、イスラエルの政治家への批判だが、モレが、アラブの人々との戦いに直接関与しているセキュリティの担当者との対話を通じて、このような批判的見地を得たことにここでは注目したい。彼らセキュリティの現場で働く者たちは、政治家の意志や勇気によってしか解決できないことをやらされている、と感じているのだ。その意味では、セキュリティの担当者自身は、むしろアラブ人やパレスチナ人との戦いには消極的である。

イスラエル国防軍（ＩＤＦ）の退役少将アミラム・レヴィンは、自国の軍隊がやっていること、とりわけヨルダン川西岸でのその活動を、ナチス・ドイツのようであると、厳しく批判している。23年の8月に、イスラエル公共放送で、彼は次のように語ったという。「ユダ・サマリア地区にはアパルトヘイトがある。ＩＤＦは、戦争犯罪の共犯者になり始めている。彼らはヒルトップ・ユース〔イスラエルの宗教ナショナリストの過激派〕がパレスチナ人にテロを仕掛けているのをただ傍観し、何もしようとはしない。IDFは、芯の部分から腐ってきているのだ[*11]」

イスラエルの（元）軍人、あるいは軍人候補者である若者の中に、イスラエルの軍事行動を非難している者、軍事行動にコミットすることを拒否している者がいる。彼らは、犠牲者となるパレスチナ人に対して共感的・同情的である。戦闘の最前線にいる軍の関係者の中にさえも、このような人々がいるのだ。イスラエルがパレスチナ人に対して行った暴力や武力行使に批判的な人は、軍の外に、さらにたくさんいる。

たとえば、岡は緊急発言の中で、「ゾフロットZokhrot」という名前のNGOに言及している[*12]。これは反シオニスト系の団体で、名前は「彼女たちは記憶している」を意味するヘブライ語である。この団体は、イスラエルの学校教育の中で、「ナクバ」がきちんと教えられるように、そのための教材を製作したり、授業のやり方についてのワークショップを開いたりしている。ナクバとは、1節で述べたように、イスラエル建国によって大量のアラブ人が難民化した災厄を指す。イスラエルの学校では、もちろん、ナクバについては何も教えられない。ゾフロットは、教えるべきだとして、活動してきた[*13]。

内的な敵対関係――パレスチナ人の側

ここまで述べてきたことは、イスラエルの中に、あるいはユダヤ人の共同体の中に、少数派であったとしても、イスラエルのパレスチナに対する軍事行動や植民地主義的・人種主義的な暴力に批判的な勢力が確実に存在している、ということである。敵（ハマース）への戦いに対して否定的な勢力が、味方（イスラエル、ユダヤ人）の中にいる。そのため、ユダヤ人の共同体（あるいはイスラエル）に内的な分裂が、内的な敵対関係が孕まれることになる。確認すれば、この内的な敵対関係は、少数派が、自国の行動による敵（パレスチナ）の犠牲者の苦難の方に共感し、共鳴していることから来る。

ここで注目すべきことは、イスラエル・ユダヤ人側とまったく対称的な内的分裂が、パレスチナ側にもある、ということだ。ハマースの軍事行動に対して批判的な者たちがパレスチナ側にもいる。ハマースによる弾圧や迫害があるためにごく少数ではあるが、ガザ地区の住民の中にさえも、ハマースの軍事行動を批判してきた者もいる。もちろん、ヨルダン川西岸でパレスチナ人を支配しているファタハのように、パレスチナ人たちの内部での主導権争いや自己利益をめぐる紛争の中で、ハマースと敵対している勢力もあるが、そのようなケースばかりではない。ユダヤ人やイスラエルの立場への「理解」や「共感」からハマースの軍事行動を批判してきた者たちも、確実に存在しているのだ。

ハマースへの批判ではないが、私がここで特に重視したいのは、たとえば次のような出来事である。ガザ戦争の勃発のおよそ1カ月前、つまり23年の9月10日のことである。世界中に――主にアメリカとヨーロッパに――散らばっているパレスチナ系の学者・知識人が、パレスチナ自治政府大統領のマフムード・アッバースを厳しく咎《とが》める公開書簡を出した。アッバースの発言と統治は、「道徳的にも政治的にも容認できない」と。この書簡に署名した学者・知識人の数は、100名を超える。[*14]

書簡が特に問題にしたのは、アッバースがファタハの革命評議会で行ったスピーチである。アッバースはそのスピーチの中で、ユダヤ人のホロコーストの意義を著しく歪め、過小評価したのだ。アッバースはまず、「とんでも学説」に基づいて東欧にいたユダヤ人のルーツは、（旧約聖書の）セム族ではなく、トルコ系の遊牧民であると主張し、そしてヒトラーがユダヤ人を殺した理由はユダヤ教とは何の関係もなく、ただユダヤ人の社会的な役割――高利貸であったとか金持ちであったとか等々――に関連したことがらにあった、と発言した。

公開書簡は、非常に強い口調で、アッバースの発言のこの部分を糾弾する。

当時の〔20世紀前半の〕ヨーロッパの文化と科学に広く普及していた人種理論に根をもちつつ、ナチスによるユダヤ民族のジェノサイドは、反ユダヤ主義、ファシズム、人種主義から生まれたものである。われわれは、反ユダヤ主義を、人類に対するナチスの犯罪を、あるいはホロコーストに対する歴史修正主義を過小評価し、誤って表象し、また正当化するあらゆる試みを、断固として拒絶する。

公開書簡はほかに、アッバース大統領の非民主的な手法等も批判しているが、中心は、このホロコーストに関する部分だ。パレスチナの指導者がホロコーストの悪を小さく見積もったとして、ユダヤ人が、怒っているのではない。最大限の強い言葉を使って憤慨しているのは、パレスチナ人の方である。何に憤慨しているのか。自分たちのリーダーが（敵だということになっている）ユダヤ人に対する人種主義的迫害を誤って理解し、そのネガティヴな意義をあまりにも小さく見ていることに、である。

*

このように、抗争している二つの陣営——ユダヤ人とパレスチナ人——のどちらも、その内部に敵対関係を孕んでいる。この敵対関係にこそ希望がある。ガザ戦争を、さらにパレスチナ問題の一般を解決するための希望が、である。そして、「交響圏／ルール圏」という二層構造をベースにした社会構想を改訂するための手がかりも、ここにある。次節で、これらの点について説明しよう。

＊1　後に大統領になるオバマが、2008年8月に民主党の大統領候補に選出されたときの第一声は、「私はイスラエルの生存権を支持します」だった。2014年にイスラエルがガザ地区を攻撃したとき、世界中がイスラエルを非難したのに、アメリカはイスラエルへの追加の武器供与を決めた。上院が全会一致でこれを支持したのだ（以上、岡真理『ガザとは何か――パレスチナを知るための緊急講義』192頁）。
＊2　同書、191-192頁。
＊3　同書、169頁。
＊4　1節の注5（199頁）参照。
＊5　サラ・ロイ『ホロコーストからガザへ　新装版――パレスチナの政治経済学』岡真理・小田切拓・早尾貴紀編訳、青土社、2024年。
＊6　たとえばイスラエル軍は、パレスチナ戦士を殲滅するために、自国イスラエルの兵士も一緒にいる軍事施設を空爆し、多数の自国兵士をも犠牲にしている、等のこと。岡、前掲書、164頁。

＊7　ネットワークの名は〝Mesarvot（メサルヴォット）〟である。

＊8　https://www.aljazeera.com/news/2023/12/27/who-are-the-israeli-refuseniks-picking-jail-over-the-gaza-war

＊9　https://sp.m.jiji.com/english/show/30877

＊10　https://www.timesofisrael.com/how-i-persuaded-six-intelligence-chiefs-to-pour-out-their-hearts/

＊11　https://en.wikipedia.org/wiki/Amiram_Levin

＊12　岡、前掲書、63頁。

＊13　岡は、ゾフロットの運動が公権力によって妨害された、ということを主に論じている。ゾフロットの教材の使用は、教育大臣の通達で禁止された。また２０１１年の「ナクバ法」では、ナクバを公的に悼むことが禁止された。このようにゾフロットに対しては強い逆風が吹いているわけだが、われわれとしては、しかしこのような団体がイスラエルにはある、ということの方を強調しておきたい。

＊14　https://www.timesofisrael.com/palestinian-academics-sign-open-letter-condemning-abbass-antisemitic-comments/

4　交響性はどこにあるのか？

希望はある

二国家解決——イスラエルとパレスチナという二つの国家の平和的な共存——など、とうてい不可能だ。二つの陣営が互いに相手の存在そのものを否定し合っているのだから……事態はこのように見えていた。

だが共存が不可能だという認定は、二つの陣営のアイデンティティが純粋に単一的で、一枚岩だということを前提にしている。しかし、敵対関係は二つの陣営の間にあるだけではなく、それぞれの陣営の内部にも——いや内部にこそ——ある。つまり各陣営のアイデンティティは一枚岩ではなく、内的な敵対関係によって亀裂が入っている。このそれぞれの側にある内的な亀裂を媒介にした連帯、敵対関係同士の結合による横断的な連帯がありうるのではないか。このような連帯を基礎にしたとき、二つの国家の平和的な共存が可能になるのではないか。それどころか、ユダヤ人とアラブ人がそれぞれ準自治的な単位として共存する連邦国家のようなものさえ可能になるかもしれない。

抽象的な表現だったので、もう少し具体的に言い換えよう。一方で、イスラエルやユダヤ人の側にも、イスラエル政府がパレスチナ人たちに対して行っていることに正義があるのかを疑っている者がいる。そしてパレスチナ人たちの苦難に共鳴している者たちがいる。戦いの最前線に立つ軍人の中にさえも、そのような者たちが少なからずいたのだ。他方で、パレスチナ人の中にも、ユダヤ人が被《こうむ》ってきた歴史的な苦難（ホロコースト）に対して、深い理解と同情を示す者たちがいる。

それぞれの陣営の主流派や権力者に抵抗している、両陣営のこれらの〈少数派〉同士が、まずはそれぞれの陣営の境界を越えて互いに連帯するとしたらどうか。自国の政府が「ナクバ」の教育を禁止していることに不正義を感じるイスラエルの市民がいる。自分たちの指導者が「ホロコースト」に対してまったく無知であることを恥じ、憤りを覚えるパレスチナ系知識人がいる。彼らは手を結ぶことが可能だろう――というよりともに行動することを望むだろう。

彼らが連帯して闘い、それぞれの陣営で権力の座にある者たちを、その座から引きずり降ろすことができればどうなるだろうか。このときの彼らの連帯こそが、二国家の平和的な共存への、あるいは二つの準自治的共同体の共存と連合への基礎となりうるのではないか。

＊

前節の、ネタニヤフ政権が推進しようとした司法改革に抗議するリベラルな市民の運動には、まだ「一歩」が足りなかった、と述べた。その「一歩」とは何かを説明しよう。

そもそもどうして、司法を政府に従属させようとする司法改革に、あれほど激しい抵抗があったのか。イスラエルのリベラルな市民だけではなく、他国の政府も、この司法改革に対して警告を発していた。イスラエルの政権のやることをいつも容認しているアメリカ政府でさえも、ネタニヤフの司法改革に対しては批判的だった。どうして、この司法改革がかくも重大な争点になったのか。抽象的に言えば「三権分立が云々《うんぬん》」といったことになるのだが、そんなことを言えば、日本など、とっくに司法は政府の影響力を超えることができなくなっているではないか。なぜ、イスラエルでは、それほど司法の独立性が重要な争点になったのか。

その理由は、目下われわれが問題にしている紛争、パレスチナ紛争に関係している。イスラエルでは、最高裁が――リベラルな観点から見ると――一種の「良心」の役割を果たしてきたのだ。イスラエルの政権――とりわけ右派のウルトラナショナリスティックな政権――は、しばしば、基本法や国際法との関係で合法性があやしい決定をくだして、パレスチナへの圧力を強めてきた。これに対して、ブレーキをかけ、行きすぎをチェックしてきたのが最高裁である。[*1] 極右のネタニヤフ政権が、最高裁を服属させようとした理由も、これで理解できるだろう。そして、リベラルが、最高裁の独立性を死守しようとした理由も、である。

だが、そうだとすると、司法改革に反対だったリベラルなイスラエル市民は、誰と連帯すべきだったのか？　抗議デモは非常に広範な人々を巻き込んでいた。しかし、リベラルな市民たちは、最も重要なグループを、抗議運動の仲間に組み入れようとしなかった。最も重要なグループとは、パレスチナ人である。実のところ、イスラエルの正式な国民の2割が、すでにパレスチナ人である。だから、パレスチナ人も一緒になって街頭に出て、デモを行っても何の問題もないはずなのだが、ユダヤ人とパレスチナ人がともに運動するということは、イスラエルにとっては究極のタブーになっており、非常にリベラルな市民でさえも思いもよらないことだったのだ。[*2]

「あと一歩」とは、パレスチナ人との連帯である。もしユダヤ人がパレスチナ人と、司法改革反対という目的で協力することができたならば、これは、われわれが主張している横断的連帯への最初の一歩にもなっていただろう。司法改革反対という特定のイシューに限らない、他の諸目的や一般的な目的に基づく連帯へと拡張しえただろう。連帯の社会的な範囲を、西岸地区やガザ地区のパレスチナ人へと拡げることも可能だったかもしれない。そして何より、反司法改革運動にパレスチナ人が入っていたら、ガザで戦争が始まっても、反対運動は継続していたかもしれない。そうであったならば、この運動が、停戦のための力ともなりえただろう。

交響性の所在

ともあれ、希望はある。戦争している二つの陣営のそれぞれに内的な敵対関係が孕まれている。希望があると言えるのは、その内的な敵対関係そのものを媒介にした連帯がありうるからだ。

ここで述べていることを、社会構想論の中で一般化して捉え直しておこう。「交響圏/ルール圏」という理論のどこを修正すればよいのか。「交響するコミューンたちが、互いを侵さないように特定のルールのもとで自由に連合する」というヴィジョンで考えたとき、次のようなイメージが前提になっている。まずそれぞれのコミューンは、内的に交響している。つまりメンバーが互いに親密で——愛し合っていて——、調和的な共同体になっている。それに対して、コミューンとコミューンはさして親密ではなく——というより互いに相手を嫌いではあるが、ひどいケンカにならないように、ともにルールを遵《じゅんしゅ》守することとで、互いの存在を容認（我慢）し合っている。

しかし、イスラエルとパレスチナの例では、このようなイメージはあてはまらない。イスラエル——あるいはユダヤ人の共同体——も、またパレスチナ人の共同体も、どちらも「交響するコミューン」にはなっていない。その内部に深い敵対関係を抱えており、音楽の比喩を使えば、ひどい不協和音が鳴っている。しかし、二つの不協和音を重ねると交響する音が実現する。交響性は、それぞれの共同体の内部にあるのではなく、共同体と共同体の間にあったのだ。

*

今、われわれは、イスラエルとパレスチナの間の紛争という、およそ考えられる限り最悪のケース、最も困難なケースをもとに考えている。このケースが、しかし、例外ではなかったとしたらどうだろうか。いや、カール・シュミット風に、こう問うてみよう。このケースこそが、その極端さ、その例外性によって、一般的な事態を代表しているのだとしたらどうだろうか。このように捉え直したとき、どのような社会構想のヴィジョンが見えてくるのか。その骨子だけを示してみよう。

まず多数多様な共同体がある。それぞれの共同体は固有の規範、固有の価値観、固有の慣習、固有の生活様式、固有のルールなどをもつ、それぞれに特殊な（particular）共同体である。それらの共同体を全体として包摂する、すべての共同体が一致して受け入れ可能なルールを設定し、それらのもとで連合する……というのがもともとの「交響圏とルール圏」の構想であった。が、すべての共同体が受け入れられる、希薄で中立的なルールなるものが存在しうるということを、アプリオリには前提にしないモデルで考えてみる。実際、イスラエルとパレスチナの間には、両者が適当に受け入れ可能な中立的なルールが成り立たなかったのだから。

ここでそれぞれの特殊な共同体は、「交響するコミューン」ではない、としよう。言い換えれば、それぞれの共同体には常に、必然的に内的な敵対関係が宿っているのだ。内的な敵対関係を宿す、とは次のような状況を指している。それぞれの共同体は、先に述べたように、それぞれが有する特殊なルールや生活様式等々によって定義される。どの共同体にも、そのアイデンティティの根拠となっているルールや生活様式などの特殊性（particularity）のゆえに——つまりその限定性（limitedness）のゆえに——、それらを抑圧的だと感じたり、それらに違和感を覚えたりする者たちがいる。共同体が伝統的に有するルールや生活様式を受け入れ難いと感じ、それらに反抗する者たちが、どの共同体にも必ずいるだろう。共同体の特殊な限定性に対する〈余剰〉にあたるようなグループを、どの共同体も抱え込むのだ。この〈余剰〉にあたるグループと共同体の主流との間の関係が、敵対関係というかたちをとる。

つまり、どの共同体も、「この特殊な限定性には耐えられない」という〈余剰〉を孕む。この〈余剰〉が、共同体と共同体を接続し、いわば交響する連帯を可能にする。したがって「この特殊性のうちに尽きない」という〈余剰〉は、それぞれの共同体の特殊性を超えて普遍性universalityへとつながる通路である。

純粋な論理として整理すれば、次のようになる。

もとになっている「交響圏とルール圏」のモデルでは、次のような比例関係を前提にしていた。

交響圏：ルール圏
＝特殊性particularity：普遍性universality

それに対して、ここで提案している改訂モデルでは、普遍性の水準が、特殊性の外部の切り離されたところにあるわけではない。では、どうなっているのか。〈特殊性／普遍性〉というギャップ自体が、〈特殊性〉に内在しているのである。〈特殊性〉と、それに対する〈余剰〉というかたちで、である。どのような共同体もそれぞれの特殊な規範やルールによって自身を規定すると同時に、「それに尽きない」という〈余剰〉をもつ。この〈余剰〉が、〈普遍的連帯〉を可能なものとする。

片目のダヤン

抽象的な理論について語るのは、このくらいにしておこう。今節で述べてきたことは、少なくとも論理的には、二国家の平和的な共存——あるいは二つの自治的単位による連邦国家——は可能だということだ。どちらの陣営にも、敵の大義にも共感したり、敵の苦難にも同情したりする少数派的な勢力があり、またそのような心性《メンタリティ》がある。これらを横断的に接続させることができれば、平和的な共存への道が原理的には開かれる。

とはいえ論理的に可能だからといって、それをすぐに現実化できるわけではない。次節では、現実化のために何が必要なのか、若干のことを述べよう。とりわけ、日本の役割、日本がなすべきこととの関係で、この主題を論ずることにする。

*

ともあれ、論理の水準で可能だということは、大きな希望である。この節の最後に、この希望にはっきりとした現実的な裏付けがありうるということを実感させるエピソードを紹介しておこう。それは、「片目のダヤン」という渾名《あだな》をもった、イスラエルの軍人モーシェ・ダヤンMoshe Dayanについての話である。彼の名は、ヘブライ語で「裁き手（ダヤン）モーゼ」という意味になる。まことにユダヤ人のリーダーにふさわしい名をもつ人物だ。ダヤンは、1915年に、まだオスマン帝国領だったパレスチナのキブツで生まれた。父もシオニストの運動家で、ダヤンは14歳のときに軍隊に入隊した。イスラエルのための戦闘に人生を捧げた生粋の軍人である（後に政治家としても活動した）。第二次世界大戦のときに、戦場で左目を失ったために、「片目のダヤン」と呼ばれた。

さて、イスラエルの建国から8年が経った1956年4月29日のことであった。ロイ・ルーテンベルクというイスラエル人の青年が、この日の朝、ガザからの侵入者によって殺害された。侵入者たちは、ロイが所属していたキブツの小麦畑の稔《みの》りを奪おうとしていたらしい。それを見つけたロイは、彼らを追い払おうとしたが、隠れていたアラブ人から銃撃されて、馬から落ちた。その後も銃で撃たれ、彼は死んだ。彼の死体は、ガザまで引きずられもっていかれた。ロイのバラバラにされた無惨な死体は、その日のうちに、イスラエル側に戻された。

翌日に行われたロイの追悼式で片目のダヤンが語ったこと、これはイスラエルの国民ならば知らぬ者がいないほど有名なものだという。*3 われわれはWikipedia（英語）で、そのスピーチを読むことができる。その一部を引用しよう。

昨日の朝早く、ロイは虐殺されました。春の静けさに惑わされ、彼は、溝の縁のところで彼を待ち伏せしていた者たちに気づかなかったのです。今日、虐殺者たちに責めを負わせるのは、やめようじゃありませんか。何ゆえ、私たちは、私たちに対する彼らの燃えるような憎しみをはっきりと認めなくてはならないのか？ 8年もの間、彼らはガザの難民キャンプにすわり続け、そして彼らの目の前で、私たちは彼らの土地や村を――彼ら自身や彼らの父祖たちが住んでいたその土地や村を――、私たちの地所に変えてきたのです。私たちはロイの血を、ガザのアラブ人の中にではなく、私たち自身の中にこそ求めるべきです……。[*4]〔大澤訳。傍点、大澤〕

若者の死の責任を負うべきは、直接の殺害者であるアラブ人ではなく、私たち自身である。戦闘の中心にずっと立ってきたこの軍人は、このように言う。[*5] このスピーチは今でも、イスラエルの人々の心を捉えている。ならば、イスラエルとパレスチナの間の和解が不可能なはずがない。

＊1　実際、前節で述べたように、右派政権が画策したこの当の司法改革自体が、まさに最高裁の判決によって挫折した。

＊2　スラヴォイ・ジジェクは、ガザ戦争が始まる前から、反司法改革運動において、ユダヤ人の市民はパレスチナ人とも連帯すべきだ、と主張していた。Slavoj Žižek, *Too Late to Awaken: What Lies Ahead When There is No Future?*, Penguin Books, 2023, pp.161-162.

＊3　ジジェクが次の論考（Who is to blame?）で、このスピーチを紹介している。私は、この論考で、ダヤンのエピソードを知った。https://www.newstatesman.com/ideas/2023/10/israel-palestine-blame

＊4　https://en.wikipedia.org/wiki/Moshe_Dayan%27s_eulogy_for_Ro%27i_Rothberg

＊5　ダヤンは、イスラエルのために戦ったが、イスラエルに一方的に正義があるなどとは思っていなかった。1967年の第三次中東戦争のとき、ダヤンは国防大臣だった。この戦争でイスラエル軍は一方的に勝利し、東エルサレムを我がものにした。戦争終結後、アラブ人は、東エルサレムにあったイスラーム教徒の聖域ハラム・アッシャリーフでの礼拝をこれまでと同様に許された。このことをアラブ人に通告したのは、ダヤンである。アラブ人はこのことを今でもよく記憶している。

5　仲介者はどこにいる

二つの学生運動――「反ガザ戦争」と「反ベトナム戦争」

アメリカやヨーロッパの各地で、イスラエルに抗議する親パレスチナの運動が起きている。イスラエルのネタニヤフ政権が、ガザへの激しい攻撃をやめないからである。この攻撃の目標は「ハマース」だということになっているが、実際には、ごく幼い子どもを含む、夥しい数の一般の住民が犠牲になっている。また、生き延びた住民も、飢餓へと封じ込められ、命の危険にさらされ続けている。

イスラエルへの抗議運動の中心的な担い手は若者、大学生だ。[*1] この運動は、しかし、警察までも動員する政府や大学当局によって厳しく弾圧されている。この反イスラエルの運動は、1968年を頂点に全米で吹き荒れ、同時に日本を含む世界中で高まっていた学生運動と、つまりベトナム反戦の運動と似ている、との指摘がある。確かに、運動の外観には類似性がある。が、明確な違いの方が重要である。

1968年の運動は、「帝国主義」と「反植民地主義」との闘いとして、思い描かれていた。すなわち、学生たちは、自らを反植民地主義の側に置き、ベトコンや社会主義者に共感を示しながら、帝国主義者であるアメリカ政府と闘っている、という構図の中で運動していた。

しかし、現在の反イスラエルの運動を、帝国主義への闘いとして描くことはできない。体制側は、帝国主義者として親パレスチナのデモやキャンプを弾圧しているわけではない。体制側の「言い分」は、反「反シオニズム」、あるいは反「反ユダヤ主義」である。現在のイスラエル政権の軍事行動への批判は、反シオニズムの一種だというわけだ。反シオニズムは、あるいはユダヤ人への差別は許さない……というのが、学生を——あるいは現イスラエル政権のハマースへの反撃に懐疑的な知識人や大学教員を——糾弾する当局側の公式見解である。[*2]

すると、次のことに気づくだろう。抗議運動の担い手もまたそれを弾圧する側も、どちらも似たような思想的な基盤の上に立っていることに、である。どちらも、少数民族や特定の人種の差別・排除を批判する反人種主義の擁護者である。あるいは、多様な民族や文化や人種の共存を謳《うた》う多文化主義に与《くみ》している、と言ってもよいかもしれない。

多文化主義、つまり多様性や寛容を主張するこの思想は、西洋の政治思想の目下のところの到達点である。この思想を社会構想として表現すると、私たちが検討してきた、「交響圏（コミューン、関係のユートピア）たちの、ルール圏（関係のルール）のもとでの連合・共存」という構図（2節参照）を得ることになる。この社会構想には限界がある、この構想によっては解決できない紛争がある、私たちはこのように論じてきた。

この社会構想の限界を、きわめて顕著なかたちで露呈させているのが、ガザ戦争である。そして、この戦争の「スピンオフ」とでも呼ぶべき、ヨーロッパやアメリカなどでの抗議運動とそれを弾圧しようとする体制側との間の衝突が再び、同じ限界、同じ困難を、規模を小さくしたかたちで再現しているのだ。多文化主義や「交響圏とルール圏」の構想では、解消できない葛藤がある。それどころか、まさにこれらの思想や構想そのものを根拠にして、調停や和解に至りそうもない紛争が生じうる。

哲学のアクチュアリティ

だが、絶望する必要はない。私たちは、前節でそのことを示したつもりである。再確認しておこう。「交響圏／ルール圏」という複層構造は、改訂可能である。というより、改訂版こそが、人間の社会の真実を表現するモデルになっている。

もし任意の社会が、「ゲマインシャフト・間・ゲゼルシャフト」という構成をとっているとするならば、自由な主体たちが秩序立って平和裡《り》に共存する社会は、「交響体（交響圏）・の・連合体（ルール圏）」という二重構造しかありえない、ということになる（2節）。だが、現在私たちが目撃している、イスラエルとパレスチナの間の紛争、ガザ戦争は、このような構造の中には収められないケースである。「交響体・の・連合体」が唯一の可能な理想の社会の枠組みだとするならば、少なくとも論理の上では、目下の紛争は、イスラエル人かパレスチナ人のどちらかの完全な排除によってしか解決できない、ということになってしまう。

　だが、前節で述べたように、関係の交響性は、共同体《ゲマインシャフト》の内部にあるわけではない。むしろ、どんなに調和的に見える共同体も、その内部に、不協和を孕んでいる。交響性がありうるとしたら、その在り処《か》は、共同体と共同体の間である。それぞれの共同体の内的な不協和が共鳴し合い、交響する可能性を宿している。この点に着眼したとき、イスラエルとパレスチナ人国家との平和的な共存の可能性が見えてくる。両方の陣営の中にそれぞれ孕まれている内的な葛藤、内的な敵対関係が、連帯の契機となりうるとの展望を得ることができるからだ。

　もう一度、前節の最後に引いた片目のダヤンの言葉を、ガザからの侵入者によって殺害されたイスラエル人青年の追悼式で彼が語った言葉を、思い起こしてほしい。この言葉には、確かな希望の光がある。[3]

このような社会構想についての考察には、純粋に哲学的な含意もある。というより、この考察は、哲学に、現実に対して有効なアクチュアリティがあることのひとつの証左になっている。なぜならば、「交響性」の所在をこのように見直すことは、〈普遍性〉の概念の刷新を必要としているからである。多数の「特殊なもの」の同一性（それが何であるか）を規定する述語の中から共通成分を見出すと、それが「普遍的なもの」である……と一般には思われている。だが、〈普遍性〉は、いくつもの「特殊なもの」を貫く希薄な共通性、たくさんの「特殊なもの」を入れる中立的な容器ではない。〈普遍性〉は、どの〈特殊性〉も一義的な同一性をもちえないという否定性（それぞれの特殊な共同体が内包する不協和）にほかならない。言い換えれば〈普遍性〉とは、どの〈特殊性〉にも孕まれている内的な差異性である。[4]

アメリカは仲介者たりうるか？

したがって、戦争を永遠に終結させる二国家解決は、理論上は可能である。だが、理論の上で可能だからといって、実現されるわけではない。理論が予見する可能性を現実につなげるために、必要なものがある。このケースでは何が必要なのか。言うまでもない。仲介者である。イスラエルとパレスチナ人を放置し、外から眺めていても、絶対に問題は解決しない。仲介する第三者が必要だ。仲介者は、まずは、ハマースとイスラエル現政権を仲介し、和平を実現する。しかし、これだけではまだ足りない。最終的な解決に至るためには、(ハマースではなく)パレスチナ人の全体とイスラエルとの仲介者でなくてはならない。

そのような仲介者はいるのか。このようなとき、常に仲介の役割を担ってきたのは、アメリカである。実際、ガザ戦争でも、アメリカは仲介者としてふるまっており、私がこれを執筆しているこのとき(2024年6月)も、バイデン大統領が、人質の全面解放やガザ地区の復興までを見通した三段階の停戦案を提案したばかりである。が、おそらく、この停戦案は有効なものにはならないだろう。ネタニヤフ側も、ハマース側も、この案を文字通りにすべて受け入れようとする構えをもってはいないからだ。

いずれにせよ、長期的な視野で考えた場合、つまり現在のガザ戦争の停戦だけではなく、最終的なパレスチナの平和(二国家解決)に至る道程を想定した場合、アメリカは、仲介者として機能しないだろう。アメリカは、はっきりとイスラエル側に立っていて、パレスチナ側からの十分な信頼を得ることはできないからである。アメリカの偏った態度は、現状の中でも随所に現れている。

たとえば、国際刑事裁判所（ICC）が請求した逮捕状に対する、アメリカの政府と政治家の反応。24年5月20日に、ICCの主任検察官は、イスラエルとハマースの指導者5人に対して、戦争犯罪や人道に対する犯罪の疑いで逮捕状を請求した。5人の中には、ネタニヤフ首相やシンワル指導者（ハマースのガザ地区トップ）が含まれる。まことに公平な逮捕状請求である。[*5] が、バイデン大統領は、ICCがイスラエルの指導者とハマースの指導者を同列に扱ったことに反発し、「イスラエルの指導者に対する逮捕状の請求は言語道断だ」と強い口調でICCの決定を非難した。もともと、アメリカは、ICCに加盟していないのだが、それなのに、23年にICCがプーチンに逮捕状を出したときには、これを強く支持した。これらの事実を考え合わせれば、アメリカがいかに偏ってイスラエルに加担しているかがよくわかる。[*6]

＊

率直に言えば、ネタニヤフ政権が存続する限り、停戦は望めない。ガザ戦争以前からの言動から判断して——Ⅲ章の中で私はたびたび述べてきたが——、ネタニヤフ政権の究極の狙いは、「川（ヨルダン川）から海（地中海）まで[*7]」の全域から、パレスチナ人を排除することにある。ほんとうはガザ地区だけがターゲットなのではない。ヨルダン川西岸も含まれる。

公式には、イスラエルの戦争目的は、ハマースの戦闘員の全滅やイスラエルにとっての脅威の根絶だということになっているが、真の最終的な目的は、パレスチナ系住民のすべてを排除するか、殺害することにある。だから、イスラエルの軍事行動によって、幼い子どもを含む何万人もの非戦闘員が殺害されても、ネタニヤフ政権の幹部は、これを気に留めてはいない。[*8] しばしば、ネタニヤフ政権の軍事行動を批判するつもりで、ハマースの根絶は不可能だと主張する人がいる（「ハマースは戦闘員だけでできているわけではない」「ハマースは実のところひとつのイデオロギーだ」等々）。だが、この主張は、ネタニヤフ政権の思う壺《つぼ》にはまる。ハマースの根絶を口実にして、いつまでも軍事行動を続けることができるからである。

そもそも、どうしてガザ地区で、ハマースが支持を得ていたのか。ハマースのような過激なグループが、ガザ地区で人気があったのはどうしてなのか。その原因は、はっきりしているではないか。ガザ地区は「世界最大の野外監獄」と言われてきた。イスラエルは、それほどまでに厳しく、この地区の住民たちを管理してきたのだ。現在のような人道危機の中でも、イスラエルの許可なくして、ガザ地区の住民に食料も水も届けられない。ここで、イスラエルの打倒を強く主張する過激なグループが民主的に支持を得るのは当たり前ではないか。要するに、イスラエルの過酷な管理や迫害がなければ、ハマースが一定規模の勢力となることはなかっただろう。客観的な因果関係から判断すれば、ハマースを創り、育てたのは、イスラエル政権である。

とすれば、現在のガザ戦争では、まさに「マッチポンプ」の比喩通りのことが、いやそれ以上の不合理が起きている。自分で原因を作っておいて、それを除去しようとしているわけだが、その除去しようとする活動（戦闘行為）が、ますます原因を強化する（ハマースがもつようなイスラエルへの憎悪の感情を強化する）。こんな悪循環が続いている。

ならば、かくも愚かな不合理を推進しているネタニヤフ政権が存続しているのはどうしてなのか。イスラエル国内にもかなりの批判勢力がいるのに、この政権が維持できているのはどうしてなのか。ここで、先ほどの「仲介者」の問題に戻る。イスラエルの政権は何であれ、最終的には、アメリカによって支持され、支援されることがわかっているのだ。個々の政策や戦略に対して、アメリカから批判されたり、文句を言われたりすることはあっても、政権は常に、全体としてはアメリカに支持される。たとえば、バイデン大統領が提案した停戦へのシナリオを拒否したとしても、アメリカからの支持を失うわけではない。

それゆえ、アメリカは、仲介者にふさわしくないことは明らかである。

ほかにも仲介者がいる、だが……

では、ほかに仲介者はいないのか。カタールやエジプトが、一定の役割を果たしている。が、彼らがやっていることは、連絡役のようなものである。アメリカが一緒に動かなければ、和解へと向かう積極的な働きは担いえない。

とすると仲介者はどこにもいない……ということになるのか。いやいる。「やらせてくれ」とばかりに積極的にしゃしゃり出てくる者たちがいるのだ。しかも、その者たちは、アメリカとは逆に、パレスチナ側に同情的である。それはよいことだ。というのも、イスラエルとパレスチナ人とは対等とは言えず、圧倒的にイスラエルが強者だからだ。仲裁者が形式的に中立の立場をとったとしたら、それは、事実上、イスラエルに加担しているのと同じである。

というわけで、アメリカがダメでも、ほかに仲介者となろうとする者がいる。よかった……と言いたいところだが、実はそうでもない。なぜか？　仲介者になろうとしている国とは、中国やロシアだからである。とりわけ中国である（ロシアは自分の戦争の方に忙しすぎて、仲介のための行動に力を注ぎきれない）。中国は、ガザで戦争が勃発して間もない頃から、仲介役を買って出ようとしたし、[*9]また2024年5月末にも、習近平は、ガザ地区への人道支援を表明した。

結構なことだ、と思うかもしれないが、そうではない。中国はどうして仲介役になることに積極的なのか、考えてみればすぐにわかる。中国は、中東での評判を高め、アメリカと対抗しうる国際的な影響力を獲得しようとしているのだ。中国は、ハマースとイスラエルの関係をとりもつことで、葛藤を、より大きなレベルに置き換えていることになる。「ハマース（パレスチナ）／イスラエル」から「中国／アメリカ」へ。ガザ戦争に関して、人々が最も恐れていることは、これが第三次世界大戦へと発展することだ。このことを思うと、中国による仲介は、問題解決に対して逆行していると言わざるをえない。[*10]

＊

だから中国に仲介の仕事を全面的に委ねてはならない。だが、中国のプレゼンスを下げるためには、より有効な仲介者がほかにいなくてはならない。ならば――私はここであえて〈夢〉を語ろう――、日本が仲介者の役割を担ったらどうか。政府レベルでも、民間のレベルでも、と付け加えておこう。

どうして日本が仲介者として積極的に働くのがよいのか。そうすることが正義にかない、倫理的に最も優れているから（だけ）ではない。そうすることで、日本人は、敗戦の「トラウマ」を乗り越えることができるからだ。いや、これはミスリーディングな言い方だった。自分のトラウマを克服するために、仲介役を引き受けるわけではない。そのような「不純な動機」によっては、仲介の仕事など果たせないだろう。

正確に、厳密に言い直せば、次のようになる。パレスチナでのこの戦争をとうてい座視することはできない、平和を実現する仲介のために主体的に行動しないわけにはいかない……もし日本人がこのような思いに駆られて行動することができれば、そのときには、敗戦のトラウマが（気がつけば）克服されているだろう。このように言いたいのだ。この「敗戦」に対応している戦争は、80年前に終結したあの戦争、つまりアジア・太平洋戦争のことである。

どうして、ガザ戦争での仲介者として働くことが、それとは無関係な戦争の敗北のトラウマの克服と結びついているのか？

＊1　日本でも、東京大学、上智大学などいくつもの大学で、学生たちがデモを行ったり、キャンパス内にテントを張ったりして、イスラエルへの抗議を行っている。

＊2　現在の欧米での反イスラエル運動の参加者には、欧米在住のユダヤ人もずいぶん含まれている。この事実ひとつ見ても、この運動を単純に反ユダヤ主義として特徴づけることには問題があるのだが、今は、とりあえず体制側の主張を確認しておく。

＊3　ただし、現在のイスラエルの人々の心理状態は、ダヤンが追悼式でスピーチしたときよりもはるかに悪い。私は、２０２４年4月13日付のＣＮＮのニュースを読んで、ショックを受けた（https://edition.cnn.com/2024/04/13/world/israeli-settlers-mobilize-across-west-bank-intl/index.html）。ヨルダン川西岸地区で、14歳のイスラエル人少年が行方不明になり、死体となって発見された。死因もわからない段階で、憤激した何百人ものイスラエル人の入植者たちが暴徒と化し、パレスチナ人の村を取り囲み、住民を襲撃したという。記事によれば、衝突は、少年の捜索中に始まっており、入植者はその段階ですでに少なくとも1人のパレスチナ人を殺害している。イスラエル国防軍（ＩＤＦ）は、この暴動を防ごうとせず、それどころか逆に、入植者たちによる非合法的な制裁を支援したようだ。ダヤンは、青年がガザのアラブ人によって虐殺されたことが明らかだったときでさえも、復讐を許さなかった。しかし、現在のイスラエル人は、死因も犯人もはっきりしない段階から、パレスチナ人に「報復」しようとする。

＊4　この点、詳しくは以下を参照。大澤真幸『資本主義の〈その先〉へ』筑摩書房、２０２３年、４２３−４２６頁。

＊5　ついでにこの文脈で付け加えておこう。ＩＣＣの逮捕状請求のすぐ後には、今度は国際司法裁判所（ＩＣＪ）が、イスラエルに対して、ラファでの軍事作戦を停止するように命じた。それぞれの国が任意で参加しているＩＣＣとは異なり、ＩＣＪは国連の機関である。ＩＣＪの決定は、ゆえに、国連としての司法判断と解すべきものであり、国連の参加国はこれに従う義務がある。実際には、ＩＣＪは、決定を

強制する手段をもたないので、決定が現実になることはないのだが、しかし、国連の正式な機関が停戦を命じたことの意義は大きい。本来は停止すべきその戦争を主に遂行しているイスラエルの指導者が、ＩＣＣから逮捕状を出された。この逮捕状は当然のものと見なしてよい。

＊6　ＩＣＣが正式に逮捕状の請求を発表する前から、アメリカの12人の共和党上院議員が、ＩＣＣに対して、ネタニヤフをはじめとするイスラエルの指導者への逮捕状を請求するならば、アメリカはＩＣＣに制裁を課すだろう（ＩＣＣの職員やその家族をアメリカから追放する等）、という脅迫的な書簡を出していた。「（ＩＣＣが）イスラエルをターゲットにするならば、われわれはあなたたちをターゲットにするだろう」と（https://thehill.com/homenews/senate/4646527-gop-conservatives-threaten-icc-sanctions-israel/）。実際に逮捕状が請求された後の反応から、民主党の大統領も、共和党の政治家たちとほとんど同じ意見をもっていることが明らかとなった。

＊7　「川から海まで」はもともと、イスラエルに対抗していたパレスチナの過激な活動家たちがよく使う表現である。ヨルダン川から地中海までの全体を、つまりパレスチナ地域の全体をイスラエルから奪還し、解放しよう、というスローガンの一部だ。ネタニヤフは、最近、この語をわざと使って、イスラエルの保持すべき領土であるかのように主張している。

＊8　ガザで援助活動にあたっていたＮＧＯの職員たちがイスラエルの空爆で死亡したときには、ネタニヤフは、爆弾が、意図することなく「罪のない人たち」に当たってしまった、と遺憾の意を表明した（20

24年4月2日)。しかし、ネタニヤフは、何万人もの一般住民を殺しても、まったく謝罪もしなかったので、私たちには、このネタニヤフの態度は、まったく奇異なものに感じられた。言い換えれば、パレスチナ人は、そこに住んでいるというだけで、ネタニヤフたちの目には「罪のない人たち」ではないのだ。

＊9 https://www.bbc.com/news/world-asia-china-67237146

＊10 プーチンのロシアも、中国と同じような思惑をもっている。プーチンは、しばしば、「パレスチナの独立」とか「自由なパレスチナ」などと言っている。彼は、同じことを、ウクライナに対して言うべきである。

6 日本は何をなすべきか――ガザ戦争に対して

敗戦のトラウマ

ガザ戦争を終わらせ、さらにその先の二国家解決を実現するためには、イスラエルとパレスチナ人を仲介する第三者が必要だ。あまりにもイスラエル寄りのアメリカには、その役割を担うことは不可能だ。どちらかというとパレスチナ寄りの立場をとろうとしている中国は、仲介に意欲を示しているが、むしろ問題を拡大し、深化させることになるだろう。前節でこのように論じ、私はさらに、〈夢〉のようなことを提案した。それならば、日本が――政府と民間の両方のレベルで――仲介者の役割を担ったらどうか、と。

そして次のようなことを示唆した。日本がこの役を自ら主体的に引き受けることには、現下の状況から来る理由だけではなく、日本の現代史から来る必然性がある。ここで念頭に置かれている現代史上の出来事は、80年前に日本の敗北で終わった戦争、アジア・太平洋戦争である。どのような意味で「必然性」があるのか。

日本人の大半が、今や戦後の生まれである。戦争も敗戦も直接には体験していない。にもかかわらず、日本人は、敗戦のトラウマ（心的外傷）を完全には克服できていない、というのが私の「診断」である。そのことを示す傍証のひとつは、日本人が「戦後」という歴史的な期間をいまだに生きている、ということである。「戦後」と言えば、日本人にとっては、１９４５年8月以降現在までの時間を指す。しかし、この期間が同じひとつの歴史的段階を構成していると思っている国民は、世界中で日本人くらいのものである。日本でも何度も、「戦後が終わった」とか「戦後体制の克服」とかといったことが言われてきたが、そんなことが反復して言われるのは、戦後が実際には終わっていないからだ。「戦後」は終わったと言われれば言われるほど、ほんとうには終わらない。

まず次のことを述べておこう。トラウマはフロイトが導入した概念である。フロイトの臨床例からもわかるように、トラウマの症状は、必ずしも、その原因となった衝撃的な出来事の直後に出るわけではないし、またその出来事からの時間的な距離が長くなると症状が軽くなるというわけでもない。たとえば幼児期の性的虐待のようなものがもたらす症状は、直後には現れず、出来事の深刻な意味をいくぶんか理解できるようになった年頃になって初めて現れる。

同じことは、個人の心理に関してだけではなく、世代を超えて継承された集合的な心理に関しても言える。トラウマの症状は、「出来事」からかなりの時間を置いてからより強まることがある。しかも、集合的な心理の場合には、個人の心理とは異なる複雑な事情が入る。症状が、出来事を直接に経験した人に現れるとは限らないのだ。

日本の敗戦のトラウマに関しては、これまでも炯眼《けいがん》の思想家・批評家によって、優れた分析がなされている。その筆頭に挙げられるべきは、文芸評論家の加藤典洋が、戦後ちょうど50年目にあたる1995年に、文芸誌『群像』に発表した「敗戦後論」であろう（単行本になったのはその2年後）。加藤は、「よごれ」と「ねじれ」という概念を使って、日本の敗戦体験の中に宿された欺瞞と隠蔽を抽出した。加藤は二種類の戦争の死者、「日本の戦死者」と「アジアの犠牲者」の追悼の順序についてある提案を行い、大きな論争を呼んだ。

もうひとつの重要な仕事は、加藤の「敗戦後論」の18年後、したがって戦後68年後に白井聡が著した『永続敗戦論』（太田出版）である。白井によれば、日本は、1945年8月に敗戦したとき、その敗戦という事実をきちんと十分に受け止めなかった。いわば、敗戦を否認した。その結果、日本は逆に、ずっといつまでも敗戦し続けなくてはならなくなった。この「永続敗戦」の具体的な症状は、極端な対米従属――政治的・精神的な極度のアメリカ依存――である。その症状は明らかに今も続いている。

＊

そして私自身も、近著『我々の死者と未来の他者』（集英社インターナショナル）で、「死者」という問題に関連づけながら、同じ主題を継承し、考察した。

私たちにとって今、本質的に重要なことはほとんどすべて、私たちが死んだ後にやってくる〈未来の他者〉に応答すること、〈未来の他者〉に対して責任をとることである。たとえば気候変動の問題。気候変動から来る生態系の真の破局は、主として〈未来の他者〉にとっての災難となる。核戦争への不穏な予感をともなった局地的な戦争（ウクライナ戦争、ガザ戦争）もまた、〈未来の他者〉の不幸に（も）かかわっている。

ところで、私の考えでは、〈未来の他者〉に応答することができるのは、〈我々の死者〉をもつ共同体や国民だけである。〈我々の死者〉とは、その死者たちのおかげで現在の我々がある、だからその死者の望みを引き継ぎたい、その死者の果たしえなかった願望を我々が実現すべく努力したい、といった思いをもつことができる死者たちのことである。〈過去の死者〉たちからの恩恵――時間を超えた贈与――に感謝の念をもたない者、〈過去の死者〉の思いを継承しようという覚悟がない者が、自らの現在の幸福や利益を犠牲にしてまで、自分の後にやってくる〈未来の他者〉の幸福や繁栄に貢献したいと思うだろうか。不可能であろう。

だが、日本人にとって敗戦は、〈我々の死者〉を喪失する体験だった。戦後の日本人は、戦争で死んでいった者たちの願望を引き継ぐわけにはいかない。戦争で死んでいった者たちが、それのために命をかけた「大義」を、戦後の〈我々〉は打ち捨てなくてはならない。現在の日本人は、このときの〈我々の死者〉の喪失にいまだ苦しんでいる。ときに、はっきりとした自覚なしに、その喪失の空虚の中を生きている。これが私の時代診断である。

繰り返そう。現在の日本人は、敗戦のトラウマを克服してはいない。そのことを確認したければ、2023年から24年にかけてヒットした邦画をふりかえってみるとよい。『君たちはどう生きるか』『ゴジラ－1・0』『鬼太郎誕生　ゲゲゲの謎』。これらの作品はすべて、「我々」が、あるいは「我々の祖先」が、戦前・戦中に、何かとてつもない失敗、たいへんな過ちを犯してしまった、ということを主題としている。『ゴジラ』は、アメリカに負けたマイナスを、ゴジラに勝つことで克服する話である。『鬼太郎誕生』は、日清・日露戦争を含む、戦前のすべての戦争にかかわる「悪事」が、鬼太郎の誕生と関連していたとする。そして『君たちは』は、「Ⅱ章　どうすれば日本は『戦後』を清算できるのか」でも論じたように、〈我々の死者〉（大伯父）の仕事を、戦後を生きる主人公（眞人）が引き受けることができない、ということを語る。[*1]

さてすると、ここで問われるだろう。ならば、今、どうすべきなのか？　私たちは、確かに敗戦の事実を否認し、それを正面から受け取ることができなかったのかもしれない。私たちは、敗戦のときに〈我々の死者〉を失い、その失ったという事実そのものを抑圧し、否認した。そういうことはわかった、としよう。では、どうしたらよいのか？　この「どうしたらよいのか」に関係しているのが、ガザ戦争とパレスチナ紛争での仲介者という使命である。

日本の過ち——植民地主義と人種主義

日本の敗戦において明らかになった、日本の過ち、日本の罪とは何であろうか？　何が悪かったのか？　敗戦そのものが悪かったわけではない。勝っていればよかった、という話ではない。では何が日本の悪だったのか？　それを一言でまとめることは難しい。が、日本が敗戦後に断罪されたこと、日本の対外的な政策に関して誤っていたと告げられたことに関しては、日本の植民地主義と人種主義だったということになるだろう。

日本は、朝鮮半島や台湾を植民地として支配し、満洲国も日本の傀儡《かいらい》国家であって、実質的な植民地であった。日本の軍隊は、中国をはじめとするアジアに、植民地を欲する帝国主義者として侵略した。そして日本人は、侵略地や植民地において、多数のアジアの人々を殺害し、また搾取し、そして差別した。「五族協和」を謳った満洲国においても、日本人が、他の民族を支配し、搾取し、抑圧した。

ところで、ここで思い起こしてほしい。1節で、ガザ戦争とは何であるのか、その本性をどのように見定めればよいのか、について考えた。その結論は、ガザ戦争は、結局のところ、西洋近代の罪悪の端的な表現だと見なすことができる、というものだった。西洋近代の罪悪とは、何だったのか？　それもまた、植民地主義と人種主義である。

イスラエルの建国自体が、最も暴力的な植民地主義の産物である。植民地主義は、近世以降のヨーロッパにだけ見られる固有の思想と行動だ。他の文明でも、領土や版図《はんと》を拡大しようとする野心や行動は見られたが、植民地主義はヨーロッパの伝統の中にだけ現れた。

そして、イスラエルがアラブ人たちに対して行ってきたこと、今も行っていることは、過激な人種主義の実行以外のなにものでもない。が、ユダヤ人もまた、ヨーロッパでなされた人種主義的な迫害——ナチスによる反ユダヤ主義——に対する償いとして、国を与えられたのであった。したがって、対立している両陣営、パレスチナ人もユダヤ人もともに、西洋近代の罪悪の——人種主義の——犠牲者である。

「善意の犠牲者」だった？

日本は、敗戦を通じて、いや敗戦の直後に、その植民地主義と人種主義を断罪された。

そのとき、日本人は、これらが悪いこと、少なくとも「悪いこと」とされていることを理解しただろう。が、しかし、だからと言って、以降、日本人が、反植民地主義・反人種主義の普遍的な妥当性に深く納得し、これらの思想に心底からコミットするようになったかというと、そうではなかったのではないか。戦後の日本人の行動、たとえば反植民地主義・反人種主義をその理念のうちに含意していると思われる日本国憲法に対する日本人の態度をふりかえってみれば、反植民地主義や反人種主義に日本が深く傾倒し、そのために戦ってきたとはとうてい言い難い。

どこに問題があったのか。どこに欠落があったのか。もっとたくさん、植民地主義や人種主義の悪について教育してもらう必要があったのか。そうではない。詳しく検討する余裕はないので、欠落のポイントを端的に表現している「絵」を見ておこう。加藤悦郎という漫画家が、終戦の翌年に出した画集がある。この画集は、GHQの統治下にあった日本を、漫画的な表現を使って記録したものだ。写実的に描写しているのではなく、日本人の心情を漫画的なイメージに投影したものだ。図は、その中の一枚である。

真ん中で、伸びをするように手足を大きく広げ立ち上がっている「人民」が、日本人であろう。彼は、つい先ほどまで鎖につながれていたようだ。その鎖が切断され、「人民」は解放されたのだ。鎖を切断したのは、彼の背後にある大きなハサミである。星のマーク

図　加藤悦郎が描いた漫画
（加藤悦郎『漫画・贈られた革命』コバルト社、1946年所収）

がついていることから明らかなように、ハサミはアメリカの象徴である。いったい、誰が日本人を鎖で拘束していたのか。ハサミ＝アメリカは、誰から日本人を解放したのか。画面の右奥に小さく描かれている、すたこら逃げていく二人組から、であろう。彼らは、おそらく、日本の政治家と軍人である。

　この絵を見ると、日本人が終戦から占領統治への移行をどのような図式で体験したかがよくわかる。そして、このとき、日本人が何を受け入れられなかったかが、よくわかるのだ。日本人が受け入れられなかったのは、「民主主義はよいことだ」とか、「植民地主義的支配や人種主義的差別は悪いことだ」とか、といった新しい（ということになっていた）教えではない。日本人が受け入れなかったことは、自分たちが悪人だったということ、植民地主義や人種主義を含む悪を行った者だったということである。

　絵が表現しようとしていることは、日本人は――戦前や戦中において――犠牲者だった、ということである。犠牲者なので、悪いことなどはしていない。日本人は善意の犠牲者である。彼は、善意の解放者がやってくるのを待っていた。そして実際、解放者はやってきた。犠牲者に好意をもっているらしい救世主が、である。もちろん、それがアメリカだ。

　これこそが、敗戦の否認ということである。自らを、「悪を犯した敗者」としてではなく、「善意の犠牲者」として了解する。「善意の犠牲者」は、「正義の勝者」の側にいるのか、「悪を犯した敗者」の側にいるのか。加藤の絵が端的に示している。善意の犠牲者の敵は、逃げていく二人組である。善意の犠牲者は、ハサミ（正義の勝者）の側にいる。彼も勝者だと断じてしまうと言いすぎかもしれないが、敗者ではないことは確かである。日本人は、日本が戦争に負けたことを知ってはいるが、その敗北を内面化はしなかった。これが敗戦の否認である。

するとも何が困るのか。

*

最初から善人である者は、真の善人ではない。最初は悪だった者が、自ら内発的に善を獲得した主体として立ち上がる……この過程を経験して、初めて善は実質のあるものになる。善なる主体となるためには、「悪から善へ」の化学変化を、内側から体験する必要があったのだ。

だが、日本人は、敗戦したとき、事後の視点から、「我々は（善意の）犠牲者だった」と、自らを捉え返した。戦前・戦中の段階において、我々は、（悪い軍人や政治家に騙され、強制された）犠牲者だったのだ、と。これは、遡及的な眼差しの中での、過去の――半ば意識的で半ば無意識の――改竄《かいざん》である。そうすると、「悪から善へ」という主体化の過程が省略される。初めから善人である者は、そのような過程を経験することは不可能だ。

だが、次のように反論したくなるだろう。いずれにせよ、善を受け入れたのだから、それで十分ではないか。植民地主義的な支配や搾取はいけないことだとわかったし、人種主義的な差別は悪いことだとわかった。民主主義や平和主義や基本的な人権が大事なものだということもわかった。これで十分ではないか。

だが、そうではないのだ。悪から善への化学変化を、どうしても内側から体験しなくてはならなかった。このことを、カントが『たんなる理性の限界内の宗教』で述べていることをもとに説明しよう。カントはここで、悪を三つの類型に分けている。そのうちの最初の二つはわかりやすく、ここでの考察とは無関係なのだが、[*2] カントの観点からは最も破壊的であるとされる、三つ目の類型は、いささか意外な印象を与えるものになっている。たとえば、人がルールや法に従って行動しているとする。それは（たいてい）善だと思うかもしれない。しかし、カントによれば、その行動が、義務への感覚に、義務を果たさなくてはならないという内発的な動機づけに裏打ちされていないとすれば、それは悪なのである。たとえば、人はときどき「ルールを守っているのに何か文句あるのか」とか、「法さえ守っていれば何をやってもいいんだろ」とか言う。このとき、ルールに従わなくてはならないとか、その法を守らなくてはならない、という内的な衝動が欠けている。ルールや法は、それに準拠しなかったら何か不都合が生ずる外的な障害物のひとつでしかない（つまり物理的な障害物と同じである)。

悪から善への化学変化を内的に体験しなかった場合、つまり悪であった者が自ら内発的に善を獲得することで主体化しなかった場合、その人の行動は、カントの悪の第三類型のようなものになる。つまり正しいこと、善なることとされている規範や命令は、それらに従っておかないと不利益や不都合が生ずる疎遠な条件のひとつである。自らを、最初から「善意の犠牲者」として捉え返したことで、日本人は、善人の外観をもった、カント的な(第三類型の)悪人にとどまってしまったのだ。[*3]

終戦のとき、日本人は、「我々は悪を犯した敗者である」というところから出発する必要があった。その点で、宮崎駿の『君たちはどう生きるか』を評価することができる。物語は終戦が間近に迫った頃に設定されている。主人公の少年眞人は、異界で出会った大伯父(我々の死者)から、この世界の管理にかかわる使命を引き継いでほしいと依頼される。しかし、眞人は、自分にはその資格がないとして、大伯父の依頼を断る。このとき、眞人は、自分の額の傷を指さし、拒絶の理由を説明する。「これは僕の悪のしるしです」と。[*4]

西洋の自己批判能力

敗戦後、日本は、西洋に断罪された。ほんとうは、日本は西洋と戦争したわけではなく、戦勝国＝西洋ではないのだが、日本人の主観的なイメージとしては、西洋に負け、そして西洋から厳しく叱責された、ということになるだろう。その西洋というイメージの中心には、もちろんアメリカがある。実際、日本に対する戦勝に最も貢献があったのはアメリカである。占領統治は、もっぱらアメリカが担当した。極東国際軍事裁判（東京裁判）は、もちろん、アメリカ人だけが担ったわけではなく、裁判官も多国籍で、パール判事をはじめとして非西洋の者も含まれているが、しかし、西洋的価値観を代表する者たちが裁き手であったと解釈して問題あるまい。

繰り返せば、日本は、「西洋」からの批判と告発を通じて、植民地主義や人種主義をはじめとする罪悪を咎められた。日本人は、しかし、心底から納得するまでには至らなかった。それらが許されないことであるとされていることを理解はしたが、それらの罪悪を完全に克服した主体として自身を立ち上げるまでには至らなかったのだ。

そのような不全の原因は、敗戦の否認にある。そのことが、日本人の行動や態度にどのような結果をもたらしたのか。単に、戦争をめぐる歴史知識に歪みが生じた、というだけではない。加藤典洋と白井聡は、戦後ずっと続いてきた日本の極端な対米従属は、あのときの敗戦の否認に淵源すると看破した。私はまた、現代の日本人の、〈未来の他者〉に応答しようとする意欲の欠如は、敗戦の否認（〈我々の死者〉の喪失と、その喪失自体の否認）

に原因があると解釈している。
要するにこれらのこと——対米従属や〈未来の他者〉への無関心——が、敗戦のトラウマの今日にまで続く症状である。

＊

もっとも、日本人が植民地主義や人種主義の悪を心底からは納得できなかったということに関しては、日本人に同情できる面もある。釈然としない点がある……当時の日本人がそのように感じたとしても、無理はない。どのような意味で？

確かに、日本はアジアに侵略した。そのふるまいは、植民地主義的であり、帝国主義的であった。侵略先では、あるいは植民地や傀儡国家の中では、現地の住民に対して人種主義的な差別や搾取を行った。だが、これらの行動様式は、日本が独自に発明したものではない。日本としては、西洋の先進国や列強を模倣したつもりだったのだ。西洋の強い国は、海外に植民地をもっている。そこには、差別も人種主義も横行している。皆がやっている、やってきたことを、日本も——「強い国」になった（つもりな）ので——やったのだ。

ところが、西洋を「手本」にして、それらを模倣したつもりなのに、戦争に負けると、その西洋から厳しく叱られた。とすれば、日本人としては、納得できないと思うのも無理なかろう。あなたのようにやったのに、なぜあなたは、私を非難するのか。

とはいえ、もちろん、状況はもう少しだけ複雑である。西洋は単純に、「我々ならばやってもよいが、日本はダメだ」などという、ダブルスタンダードで臨んでいるわけではない。鍵は、西洋という文明は——とりわけ近代西洋は——、自己批判能力とでも呼ぶべき機能を内蔵させている、という事実にある。

*

植民地主義は、確かに、西洋において独自に生まれ発達した、海外進出のための思想と行動である。反ユダヤ主義や黒人差別のような人種主義も、西洋の中から生まれた。しかし同時に、これらを倫理的に批判し、克服しようとする思想と運動もまた、同じ西洋を母胎として生まれてきたのだ。

この自己批判性は、どこから出てくるのか。やはり西洋に生まれてきた理念や価値観の強い普遍（的妥当）性への要求から、である。自由、平等、民主主義、人権等々の観念は、本来的に普遍性への要求を含んでいる。無論、われわれは、歴史的には、これらの観念や価値観が、普遍性の基準を満たしてこなかったことをよく知っている。たとえば、女性には、長い間、男性と同等な権利が認められてこなかった。が、いずれにしても、これらの観念には、普遍性へと向かおうとする強いポテンシャルが宿っている。

植民地主義や人種主義は、人権の普遍性の要求に明白に抵触する。かくて、西洋で生まれ、西洋で肯定的に認められていた植民地主義や人種主義は、同じ西洋の原理の中で、批判と克服の対象へと変容した。自己批判へと向かおうとする動きは、植民地主義や人種主義が近代において普及し始めたごく早い段階からあったが、とりわけ劇的な転機となったのは、第一次世界大戦であろう。第一次世界大戦後は、植民地主義や人種主義を公然と肯定的に標榜《ひょうぼう》することは、一般にはかなり難しくなっていた。もちろん、ナチスの反ユダヤ主義のようなものが声高に唱えられ、アメリカの黒人差別も克服されてなどいなかったのだから、事態ははるかに複雑だが、とりあえず大まかな基本的な動向としては、このように捉えておいてよい。

だから、日本がアジアに侵略した頃には、植民地主義や人種主義は、許容できない悪であるということは、西洋ではほぼ共通の了解になっていた。ただ、日本側は、こうした変化への理解が浅かった。第二次世界大戦の後、勝者たちは日本を裁いた。このとき、彼らは、ダブルスタンダードを適用したつもりはなかった。むしろ自分たち自身をも律している唯一のスタンダードを、日本にも適用したのだ。

しかしそれでも、日本人の側に不審が残ったであろう。西洋が、つい最近まで積極的に推進してきたのと同じようなことをやっただけだし、あの段階にあっても、西洋の植民地主義や人種主義が完全に克服されたとは言えなかったからだ。

西洋の偽善

こうして、第二次世界大戦の後には、普遍的な正義をめぐる西洋の偽善は克服された……という理解はまったくの誤りである。「虚偽の普遍性」は、ずっと持続している。普遍的であるべきルールや原則が実際には、十分に一貫してすべての人には適用されてはいない、ということが執拗《しつよう》に、消えずに残り続けてきたのだ。

近年のグローバルサウス諸国の行動が、西洋の偽善が持続していることのひとつの証明になっている。西洋（西側）諸国は、グローバルサウスの国々のふるまいに悩まされている。西洋が、今日広く承認されている、明らかに正当な原則やルールを唱えても、グローバルサウスの国々は必ずしもこれに賛同せず、西洋についてこないのだ。このことが、あからさまに現れたのは、ウクライナ戦争が勃発したすぐ後の、国連総会での「ロシアによるウクライナ侵攻を非難する決議」をめぐる投票である。

ロシアによる国際法蹂躙は明らかであった。さすがに、はっきりと決議に反対した国は、5カ国しかない（その中にロシア自身も含まれる）。しかし、50カ国近くが、棄権をしたり、賛否の意思を示さなかったりしたのだ。国連参加国のおよそ4分の1が、非難決議に賛成しなかったことになる。この状況での、「棄権」や「意思表示の拒否」は、単純な中立というよりは、むしろロシア支持に近い。この「棄権」または「意思表示の拒否」の国々は、すべてグローバルサウスに属している（ただし、中国がこの中に含まれている）。

グローバルサウスの国々は、プーチンのロシアの戦闘行為が正しいと思ったわけではない。もちろん、ロシアが特段に好きなわけでもない。ロシアとの関係から得られる利益（経済的な利益や安全保障にかかわる利益）には、多少の執着はあったかもしれないが、それもたいしたことはない——むしろ決議案に賛成した諸国との関係が悪化するかもしれないことを考えれば、ロシアから得られる利益はまことに小さい。

グローバルサウスの国々は、ロシアに共感したのではなく、西洋に反発しているのである。西洋が主張していることが、まちがっていると思っているわけではない。逆である。それが正しいことはわかっている。正しいからよけいに不愉快なのだ。グローバルサウスの観点から見ると、西洋は偽善的に見える。西洋は、まさに正しいこと——普遍的に妥当するはずのこと——を唱えながら、「我々（グローバルサウス）」を不公正に、不平等に扱ってきた。西洋への不信感が、国連総会での投票結果に表現されている。

要するに、偽善的な普遍性から生ずる人種主義や植民地主義は、今でも続いている。たとえば難民のことを考えてみよう。EU諸国は、同じヨーロッパ（ウクライナ）からの難民ならばいくらでも受け入れるが、シリアやアフリカからの難民を拒否しようとする。あるいは、ヨーロッパやアメリカの企業は、グローバルサウスの労働者を、まるで奴隷のように酷使し、搾取している。旧宗主国は今でも、旧植民地を政治的な従属国のように扱っている。西洋の普遍性には偽善が含まれている。ここにもう一言、付け加えておこう。現在のグローバルサウスが西洋に対してもつこの不信感は、日本がかつて連合国に対して覚えた一抹の不信感の拡大版である。日本人が感じた不信感は微々たるものかもしれないが、不信感の種類は同じものだ。

普遍性を律儀に受け取ること

そして、パレスチナである。第二次世界大戦の後も、つまり20世紀の後半から今日に至るまで、西洋の二つの罪悪、植民地主義と人種主義はついに完全に克服されることはなかった。それらは今でも残り、続いている。植民地主義と人種主義が、いかなるかたちで緩和されることもなく露骨に純粋な状態で維持されてきた場所、これら二つの罪悪がいかなる粉飾も受けずに暴力的なかたちで実行されてきた場所、それがパレスチナの紛争地帯である。ガザ戦争は、植民地主義と人種主義がもたらす矛盾の究極の、実におぞましい表現になっている。

さて、非常に長い回り道を通ってきた。ここでようやく、日本が、二国家解決へと向けた仲介役を務めることの意味について論ずることができる。

日本はかつて、植民地主義と人種主義の罪を犯した。しかし、今やそれらがどのような意味で問題なのかを自覚し、その悪を克服した。そのような者としてガザ戦争に立ち会ったとき、植民地主義と人種主義の純粋な現実化と見なしうるこの戦争を前にしたとき、それをただ傍観していることなど、とうていできない。植民地主義と人種主義の克服へと向けて、イスラエルとパレスチナ人の平和的な共存へと向けて、仲介の役割を自ら引き受けずにはいられない。

……もし日本人がそのように思うとしたらどうだろうか。そのときにはきっと、敗戦のトラウマが完全に乗り越えられているだろう。なぜなら、それは、人権の普遍性ということを、この概念をもたらした西洋よりもはるかに律儀に——最上級の律儀さで——受け取ることを含意しているからだ。

かつて西洋は、日本に、植民地主義や人種主義の否定を含意する普遍的な人権について教えた。日本はその「教育」を受けるために、ずいぶん高い代償を支払った。戦争とその敗北という代償を、である。だが、西洋が唱える（人権の）普遍性には、嘘が含まれている。その嘘がガザ戦争をもたらしている。

西洋が偉そうに説いている普遍的な人権など、偽善である……なので、我々もそんなものをまじめに字義通り受け取る必要はない、と、シニシズム（カントの第三類型の悪）に向かえば、日本人は、西洋との戦争に敗北したことで被ったトラウマを、絶対に克服できないだろう。トラウマを超克するための道は、シニシズムとは反対側にある。西洋が我々に教えたこと、教えようとしたことを、西洋自身が意図していたよりも厳格に、徹底したものとして受け取り、実行すること。

ガザ戦争に関連させたとき、それは、仲介者としての任務を担うことを意味している。だが、具体的には何をすればよいのだろうか。それは、別の論考の主題である。

＊

だが最後に、仲介者としてなすべき最も基本的なことを二点、述べておこう。政府レベルに関すること、民間レベルに関すること、それぞれ一点ずつだ。

まず政府レベルでなすべき、最初の一歩について。厳密には、これは、仲介者になる前になすべきこと、仲介者としての資格の前提となる一事である。パレスチナを正式な国家として承認すること。二国家解決へと向けて交渉するのであれば、当然、イスラエルだけではなく、パレスチナ人も国家をもっていなくてはならない。

現在、193の国連加盟国のうち、145カ国がパレスチナ国を承認している。大半が承認しているように思えるが、数には解消できない問題がある。「主要国」が承認していないからだ。アメリカとヨーロッパ諸国のほとんどは、パレスチナを国家として承認していない。G7の中に、承認している国はひとつもない。国連安保理常任理事国の中で承認しているのは、ロシアと中国だけだ。欧米諸国は、イスラエルの希望にそって、パレスチナの国家承認を控えているのである。

だが、パレスチナ人が国家を形成していることは、二国家解決のための最小限の前提条件である。幸い、2024年5月28日、ヨーロッパの三カ国が、ノルウェー、アイルランド、スペインが、パレスチナ国を正式に国家として承認すると発表した。スロベニアとアルメニアの政府も2024年6月4日、6月21日にそれぞれ承認した。日本も、すぐにでもパレスチナ国を承認すべきである。日本政府は、——これまでの行動パターンから判断すると——、もしいつの日かアメリカが承認すれば、それに追随するつもりだろう。だが、それでは遅い。アメリカとは独立に率先してパレスチナ国を承認することにこそ、意味がある。

ついで、民間レベルでなすべきこと。その枠組み的な方針に関しては、第2部Ⅲ章以降の展開の中に含意されていることなので、言わずもがなのことだが、あらためて強調しておく。共通の敵が外部にあるとき、人は連帯することができる、とする常識があるが、このような連帯は弱く、長くは続かないし、そもそもこの原理は、パレスチナでの紛争に対しては、何の応用的な価値ももたない。それに対して、私たちは、こう論じたのであった。連帯の基礎となるのは、外部の（共通の）敵ではなく、対立しているそれぞれの陣営が抱えている内的な敵対関係にある、と（Ⅲ3・4節）。

ユダヤ人の側にもパレスチナ人の側にも、敵対関係が内部に孕まれている。ユダヤ人の中にも、右派政権に対して批判的で、それのみならず、イスラエル国家の存在自体が、パレスチナ人の方から見ると、植民地主義的な侵略に見えることを自覚している者もいる。パレスチナ系の人々の中にも、ユダヤ人を襲った究極の悲劇であるホロコーストに深い関心を寄せている者もいる。これら双方の側の批判的な抵抗勢力をさまざまな方法で結びつけることこそ、仲介者のなすべきことであろう。この仕事を政府が担うことは難しい。しかし、ＮＰＯのような民間の組織にならば、可能なはずだ。

「絶望」から「希望」へ

アメリカ外交史研究の泰斗、入江昭が１９６０年代後半に著した『日本の外交』はコンパクトだが、名著である。この本は、国防、貿易、そして思想の三本の柱にそって、明治維新からその時点までの日本の外交の歴史をふりかえる、という体裁をとっている。この本の最後の段落で、入江は次のように書いている。

しかしながら、国防も貿易も、実利的な、実益を求めた国策である。それ以外にも日本の国家的目標、道標を定めるときがきたのではなかろうか。大正、昭和前期の日本人は、アジア主義の思想を追求し、不成功に終わった。もっと具体性のある、しかも生きた思想として日本外交の三つ目の柱となりうるものはないか。日本人が自分達の安全と繁栄のほかに、世界の中の一国としての生きがいを感じ、みずからを捧げることのできるような理想はないだろうか。[*5]

ここで「アジア主義の思想」と記されているのが、植民地主義・人種主義として現れることになった、戦前の日本のイデオロギーである。これが書かれてから、半世紀を超える時が過ぎた。日本人は、外交の柱となる「生きた思想」を見出したか。「自分達の安全と繁栄」を超えた「世界の中の一国としての生きがいを感じ、みずからを捧げることのできるような理想」を見出したか。ほんのわずかな欠片《かけら》としてすら、見出していない。今こそ、実質的な行動とともに、「生きた思想」や「世界の中の一国として」の生きがいの根拠となる「理想」を摑《つか》むときではないか。

前節の冒頭で、現在アメリカやヨーロッパの大学や都市で見られる反イスラエルの運動と、1960年代の終わり頃の——つまり入江の右記の本が著された時期とおおむね重なる頃の——ベトナム反戦運動とを対比した。イタリアの哲学者フランコ・ベラルディは、2024年の5月初めになされたインタビューで、これら二つの学生運動の違いについて次のように語っている。ベトナム反戦運動で、「私たち〈自らを含む1968年の学生たち〉は権力関係の反転を期待していた」。それに対して、

私の意見では、〈現在の反イスラエルを主張している〉学生たちは絶望に同一化しています。絶望は、心理的であると同時に文化的な特徴であって、これこそが〈現在の〉若者たちのパレスチナ人への広範な同一化を説明するのです。[*6]

「絶望への同一化」と言われていることが何を指すのか、このすぐ後にベラルディが語ることによって明らかになる。ベラルディの見るところでは、「絶望」という契機は、反イスラエル運動に限らず、今日の若者・学生の抵抗運動のすべてを規定している。というのも、「学生たちは今、生活条件の不可逆的な悪化、不可逆的な気候変動、いつまでも続く戦争、そして世界各地の地政学的なポイントで地下水脈のように隠れている紛争に随伴している潜在的な核の危機、こうしたことを意識的にか無意識的にか予期している」からだ。

つまり、1968年の反戦運動の学生は、ポジティヴな希望（権力関係の反転）に駆り立てられていたが、現在の学生たちは希望をもてず、ただ絶望と同一化し、絶望を媒介にして連帯できているだけだ、というわけである。

これはまことに正確な現状分析だ。だが、もしたとえば日本が仲介者となることで、二国家解決への道が明確に見えてくれれば、少なくともパレスチナでの紛争に関しては、「絶望」が「希望」に置き換わるのではないか。同時にこのとき、日本人は初めて、入江が半世紀以上前にその必要を唱えた「自分達の安全と繁栄のほかに、世界の中の一国としての生きがいを感じ、みずからを捧げることのできるような理想」を摑んだことになる。そして80年前の敗戦のトラウマも克服されるだろう。

＊1　付け加えておけば、『窓ぎわのトットちゃん』も――ノンフィクションだが――、やはり戦前・戦中の話である。

＊2　カントの悪の第一の類型は、意志の弱さから来る悪である（他人のものを盗んではいけないことを知っているが、欲しくなって盗んでしまう、等）。第二の類型の悪は、倫理的な義務の履行を装いながら、私的な欲

望や快楽を満たすことである（「教育」や「しつけ」と称して、子どもを虐待する、等）。

＊3　先に示した加藤悦郎の絵には、「しかし、我々はこの鎖を断つために一滴の血も汗も流さなかつたことを忘れてはならない。」というキャプションがついている。鎖からの解放があまりにも簡単に進捗したことを、加藤自身は不審に思っているのだ。何かおかしい、と。解放が血も汗も流さずに済むほど容易だったのは、実は何の転換も成し遂げられていないからだ。悪から善への飛躍はなかったのだ。悪から悪への水平的な移動があっただけだ。

＊4　眞人のこの傷は、自分で創ったものである。この自傷行為は、十五年戦争の中で日本の軍隊が行った悪行の隠喩になっている、というのが私の解釈である。詳しくは、第2部Ⅱ章（1・2節）。

＊5　入江昭『日本の外交——明治維新から現代まで』中公新書、1966年。

＊6　https://illwill.com/sabotage-and-self-organization

Ⅳ

西洋近代の自己否定？

初出
1　『一冊の本』　２０２５年　１月号
2　同　　同　　２月号
3　同　　同　　３月号

1 世界的な大事件は二度起きる——ただし二度目は……

大事件は二度起きる

マルクスは、『ルイ・ボナパルトのブリュメール18日』の冒頭で、世界史的な意義をもつすべての大事件や大人物は二度現れる、というヘーゲルの言葉を引いている。ヘーゲルが『歴史哲学講義』で述べたことは、厳密には、出来事は反復を通じて、偶発事を超えた歴史的な必然性となる、ということだ。最初は、たまたまいくつもの偶然が重なったために、こんなことになってしまった、と人は思う。しかし、反復されたときに初めて、それが、大きな歴史的趨勢を代表し、かつ決定する事件であることに人は気づくのである。言い換えれば、「世界史的」と特徴づけられるような大事件や大人物は、常に、「反復」という様相をともなって現れるのだ。反復を通じて、それは初めて世界史的な大事件・大人物だったことになるからだ。

トランプの二度目のアメリカ大統領選挙勝利という出来事に立ち会って、われわれは皆、ヘーゲル＝マルクスが述べていたことの正しさをあらためて感じているところではないか。2016年の選挙でトランプが勝ったときには、本来はヒラリー・クリントンが勝っていてもおかしくない状況の中で、ささいな事情やクリントン側の小さな戦術的なミスがトランプにラッキーな結果をもたらしただけだ、と考えた人も多かったはずだ。いわば、歴史がちょっとしたまちがいを犯し、あるべきコースから外れたように見えていたのだ。しかし、8年後の2024年にトランプがもう一度勝ったことで、トランプが代表している現象に、「歴史的な必然性」のようなものがある、ということを人々は感じ始めている。

ところで、マルクスは、ヘーゲルの『歴史哲学講義』の言葉を引いた後、さらに言葉を継いでいる。ヘーゲルは大事なことを付け加え忘れている、として、マルクスはこう述べたのであった。「一度目は悲劇として、二度目は笑劇《ファルス》として」。この部分に関しては、現在のわれわれは、マルクスにそのまま賛成する気分にはなれない。アメリカ人以外のほとんどの人々が――いやアメリカ人でもトランプに投票しなかった多くの人が――今予感していることは、マルクスが言ったこととは逆の展開になるのではないか、ということだ。トランプの一期目に関しては、ちょっとした笑劇のようなもので済んだとも言えるが、二期目は、とてつもなく大きな悲劇、グローバルな悲劇の始まりになるのではないか。

＊

トランプの二度目の勝利が必然性の様相を帯びて見えるのは、この8年間で、「トランプ的なもの」が、世界中で——少なくともヨーロッパの先進国とその周辺で——明らかに勢いを増してきているからだ。トランプ的なものとは、「ファシズムの風貌をもっている権威主義」と「いわゆる新自由主義を特徴づけていたようなタイプの自由至上主義」との結合である。ファシズムや権威主義は、しばしば自由主義と対立するかのように見られているが、必ずしもそうではない。少なくともトランプに関してはそうではない。トランプは、一方で、ファシストのような雰囲気の過剰なナショナリズム（「アメリカ・ファースト」）を煽《あお》りつつ、他方で、ポリティカル・コレクトネス的な道徳上の禁止を含むさまざまな規制から解放された自由で荒々しい利潤追求競争が展開する市場の支持者である。

過剰なナショナリズムをともなう権威主義であり、かつ規制なき市場の自由の擁護者でもあるという二つの条件によって定義される政治運動や政党が、ヨーロッパ諸国で力を増している。政権獲得にまで至ったケースはまだ少数だが、10年前だったら考えられなかったほどの勢いで政権獲得に近づき、ときに地方議会では多数派になったりしているのだ。フランスのマリーヌ・ル・ペン（国民連合）、イタリアの首相ジョルジャ・メローニ、ハンガリーのオルバン首相、「ドイツのための選択肢（AfD）」等々。

さらに、ウクライナへの侵略戦争を始めたロシアのプーチンもまた、同じようなタイプのファシストだと言えるだろう。もっとゆるやかに考えれば、アメリカと対立している、習近平の中国もまた、ナショナリスティックな権威主義と資本主義的な自由の結合という点では、実は「トランプ的現象」の条件を満たしている。

つまり、「トランプ」は、今、グローバルな趨勢を代表しているのだ。いや、「典型」として代表しているというより、こうした趨勢の圧倒的な先頭に立っている、と言うべきであろう。8年前には、あまりにも突出して先頭に立っているので、孤立した現象に見えていた。しかし、今では、後続集団も見えてきた、というわけだ。

こうした状況を視野に収めながら、トランプが、どうして2024年のアメリカ大統領選挙で勝つことができたのか、考えてみよう。加えて、トランプ勝利後の世界がどうなるのか、若干の見通しを論じてみよう。

ところで、この構図の中で、日本はどう位置づけられるのか。現代の日本は、世界のこうした政治的トレンドの外にいるように見える。日本は、トランプ型のリーダーが政権のトップに立とうとしている、というような状況にはない。それは、安堵《あんど》すべきことなのかもしれない。が、奇妙な印象も受ける。日本がまったくの例外でいられる、ということに、である。日本は、ほんとうに例外で、トランプ的なものが猛威をふるっている情勢とは無縁なのか。トランプの選挙について考えつつ、いわば横目で、同じ2024年にあった日本の選挙を眺めながら、日本が現在どこにいるのかも見定めておこう。

トランプが勝った、というよりも……

トランプはなぜ勝ったのか？　厳密に言えば、この問いの立て方は適切ではない。逆に、カマラ・ハリスはなぜ負けたのか、と問うべきである。同じことだと思うかもしれないが、そうではない。何人かの論者が指摘しているように、2024年のアメリカ大統領選挙は、トランプが勝利したというより、ハリスが敗北したのだ。

このことは、単純に得票数を見ただけでもわかる。トランプは、前回2020年の選挙では負け、今回の2024年選挙では勝ったとはいえ、獲得した票数という点では大きくは変わらない。トランプの得票数はおよそ7700万で、前回より300万票ほど多い。それに対して、ハリスの得票数を前回のバイデンの得票数と比べると、トランプが増やした分の2倍以上、つまり600万票以上少なくなっている（ハリスの得票数は約7500万。バイデンはおよそ8100万票）。トランプが得票数を伸ばしたというより、民主党が得票数を減らしたのだ。

選挙直後から繰り返し指摘されてきた、票の「内訳」についての次の事実が（トランプの勝利ではない）ハリスの敗北を、得票数よりも強く印象づけている。民主党の支持母体とされてきた黒人や移民、とりわけラテン系の移民の票の多くが、トランプに流れたのだ。ＰＢＳの調査によれば、トランプは、ラテン系の43%の票を獲得した。これは、前回選挙より8ポイント多い。ラテン系男性に限れば、トランプに投票した者の比率は48%にもなる。つまり、ほぼ半数のラテン系男性がトランプを支持したのだ。[*1] これでは、民主党の大統領候補が勝てるわけがない、と思わせる数字である。

今回、ラテン系住民のかなりの人数が、ハリスではなくトランプに投票した直接の動機に関しては、簡単に推測できる。彼らはすでに、苦労してアメリカの中で自分の居場所を確保した人たちである。もっとたくさん移民に来てほしい、ライバルを増やしたいとは思っていない。彼らの関心は、自分自身や自分の家族の幸福である。アメリカを、移民をたくさん迎える多様性のある国家にしたいと思っているわけではない。ならば、さらに移民を迎え入れることに寛大な民主党候補に投票する理由はない。

この推論は一定の説明力はあるが、しかし、なお疑問を残す。それならば、どうして、今回の、２０２４年の選挙において、とりわけ、移民たちは、自己利益の方を優先させたのだろうか。この点がまだ十分に説明されていないからだ。

＊

どうしてカマラ・ハリスは勝てなかったのか？

最初に、CNNビジネスのエディター、デイヴィッド・ゴールドマンに従って、しばしば言われていることを退けておこう。[*2]「しばしば言われていること」とは、民主党の敗因は、経済にあった、という主張である。ゴールドマンは、選挙結果をもたらした原因を、アメリカ経済の悪化に求めるなど、まったくの愚の骨頂であると、この主張を一蹴《いっしゅう》している。事実、所得を含む主要な経済指標はすべて、バイデン政権のもとで良好・順調である。バイデンの経済政策は、おおむね成功している、と評価できる。唯一、厳しかったのはインフレで、これはとりわけ貧しい層の生活を直撃したはずだが、しかし、インフレも、選挙の頃には収まってきていた。どう考えても、経済だけから、選挙の劇的な結果、トランプの圧勝／ハリスの完敗を説明することはできない。

「経済の悪化」は原因ではなく、結果の一部だと考えなくてはならない。客観的には、改善している経済を「悪い」――現政権（民主党政権）を拒否したくなるほどに厳しい――と認知させる主観的要因があるのだ。その主観的要因を探り出さなくてはならない。

不可能な極端vs可能な中庸

ごく簡単に看取することができる事実から始めよう。外部から見ていても誰もがすぐに気づくことは、トランプは極端なことを主張しており、ハリスは普通のことを主張していた、ということである。

「極端なこと」とは、はっきり言えば、不可能なこと、という意味である。トランプは、客観的で冷静な観点から見るならば、できないこと、できるはずのないことを主張している。彼は、常識に基づけば、あるいはごくノーマルな政治的判断からは、とうていできそうもないこと、あるいは、それをほんとうに実行したときに生じうるネガティヴな結果が恐ろしすぎて、普通の人だったらとうてい踏み込むことができそうもないこと、そうしたことを主張した。

たとえば、トランプはウクライナ戦争を一日で終わらせる、と豪語する。誰もが、そんなことはできっこない、と思う。あるいは、仮に戦争を短期間で終わらせたら、その結果は、(ロシアにウクライナの領土を割譲することを許すことになるので)とうてい受け入れられないものだろう、とたいていの人は考える。あるいは、トランプは、中国をはじめBRICSからの輸入品に100%の関税をかける、などと主張する。このことの経済的かつ政治的な帰結、アメリカの物価に与えるかもしれない破壊的な帰結等のことを思えば、普通の政治家やエコノミストには怖くて言えないことである。

それに対して、ハリスは、可能なことだけを主張した。可能なこととは、現状を前提にした中で、おおむね誰もが受け入れられること、という趣旨である。そもそも、ハリスに、目立った公約があっただろうか。強いて言えば、中間層や貧困層を意識した、生活支援につながる公約である。製薬会社に薬価の引き下げを認めさせ、患者負担を減らす、300万戸の住宅を建設し、税制を優遇する、不当に価格を引き上げている不動産業者を取り締まり、中間層の家賃を抑制する、等。これらに関しても、もちろん利害の対立はあるが(製薬会社は薬価を引き下げたくない)、しかし程度問題なので(製薬会社もいくらでも薬価を引き上げたいと思っているわけではない)、合意が得られないはずがない。現状の範囲では、ハリスの生活支援の公約は、結構なことばかりである。

トランプへの対抗を意識して、ハリスは、移民や中絶問題について多くを語った。ガザ戦争への態度を含め、これら諸問題に対するハリスのスタンスは、よく言えば中庸《ちゅうよう》であり、悪く言えば「どっちつかず」である。ハリスは、あるいは民主党側は、大量の反対者が出てくるかもしれないはっきりとした選択を回避しているのだ。

一方に、不可能な極端を主張する候補がいて、他方に、可能な中庸を主張する候補がいる。通常の状況であれば、後者が勝つに決まっている。不可能なことはどうせ実現しないので、支持しても意味がないからだ。しかし、実際の選挙では、前者が勝った。半数を超えるアメリカ人が、「可能なこと」の範囲に「解」はない、と考えているからである。

こんなときに、可能なこと、みんなが受け入れそうなことをいくら主張しても、選挙に勝てるはずがない。相手は大胆にも、不可能なことを主張している。こちらは、「可能なこと」の範囲だけで勝負しようとしている……ということであれば、勝ち目はない。

もちろん、自分でもできないと思っていること、自分でも不可能だと思っていることを公約に掲げるべきではない。それは、有権者を欺く行為だ。その意味で、カマラ・ハリスは「誠実」だった、と言える。そして民主党支持者は、トランプは嘘かはったりを言っていると見ていたし、実際、そのようにトランプを非難した。しかしそんな批判はもう通用しない段階に来ていた。民主党の側、リベラルの側も、トランプに勝つためには——少なくとも対等に渡り合うためには——、可能なことの範囲を超える極端を必要としていたのだ。

＊

ハリス側には欠けていて、トランプ側にあった（ように見えた）もの、それは、本来的な意味での政治だった、と言うことができる。ここで、「本来的な意味」という語を、カール・シュミットの「政治的なるものの概念」を念頭に使っている。周知のように、シュミットは、政治を政治たらしめている固有の区別は、敵と友の区別だ、と述べた。

選挙なので、トランプもハリスも、相手を敵（ライバル）と見なし闘っているのだから、シュミット的な意味で「政治的」だったと言えるのではないか……と思うかもしれないが、そうではない。シュミットが念頭に置いているのは、誰が敵で誰が友かがわからない状況、両者の区別があいまいな状況である。そのような状況のもとで、誰が敵で誰が友かをはっきりと区別し、定義するのが政治の使命である、というのがシュミットの見解だ。

ハリスは、敵を作るような断固とした選択から逃げ回っている。それに対してトランプは、敵と友との区別を設立していると言える。彼の主張する極端についてくることができない者は皆「敵」である。

とりあえずは、少なくとも外見的には、トランプの側には政治としての政治があり、ハリスの側にはそれが欠けていた、と言ってよいだろう。もちろん、トランプの「政治的なるもの」は蜃気楼《しんきろう》のようなもの、まやかしだ、ということにはなる。なぜなら、トランプは不可能なことが可能であること、それが期待通りのよき結果をもたらすことを示さなくてはならないが、おそらく彼は、具体的な成算もなく、またものごとの正しい理解もなく、それらを主張しているに違いないからだ。

が、ともかく、現れとしては、トランプ側にだけ政治があるように見え、ハリスにはそれがなかった、そして後者が負けた、ということをまずは確認しておきたい。

最も「大胆な主張」——日本の総選挙まで

さて、ここで、アメリカの大統領選挙の直前に投票がなされた、日本の衆議院議員選挙を一瞥《いちべつ》しておこう。

この選挙において、最も「大胆な主張」は何だったのか。それこそが、国民民主党が公約に掲げた、「年収103万円の壁（の引き上げ）」である。「103万円の壁」とは、所得税についての壁である。年収が103万円を超えたところから、所得税がとられる。もちろん、超過分に関して、100％（以上）、徴税されるわけではないので、103万円以上働いた人がかえって減収になる、ということはないのだが、所得税としてとられた分だけ労働が報われなかった気分になるので、103万円の水準を超えたところで働き控えになっている、というわけである。だから、所得税がかかる最低の年収の水準をもっと引き上げた方がよい、というのが国民民主党の主張だ。そうすれば、103万円前後で働いていた人たちがもっと働くことになるし、雇用する側も助かる、と。

この政策は、日本人全体が経済的に豊かになる、というような画期的な提案というわけではない。もしかすると、所得税が小さくなったことで、国民の消費需要が大きくなって、最終的にはGDPも拡大する……ということになるかもしれないが、多分、それほどのことではないだろう。「手取り収入が増える」と謳われると、日本人の全員の所得が増えるかのような錯覚を受けるが、所得税の「壁」の引き上げによって、とりあえず得をする人と、損をする人がいる。

得する人は、まずは、課税水準のギリギリのレベルで働いている、学生アルバイトやパートの労働者である。マイナスの（直接の）効果は、もちろん、税収の減少だ。税は、国民からの「略奪」ではなく、公共的なサーヴィスを提供するためのものだから、税収の低下は、サーヴィスの量や質の低下につながる。また、自治体や政府機関に雇われている人もいるわけだから、税収が下がれば、彼らは雇い止めになるかもしれない。

要するに、「壁」の引き上げによって利益を得る人と不利益を被る人とがいる。得する人が非常にたくさんいる、というほどでもないし、またそうした人たちが新たに獲得する利益が莫大《ばくだい》だ、というほどではない。とはいえ、その割には、この政策が日本人に非常にアピールしていることには——つまり国民民主党という小さな政党がこの公約のゆえに予想以上の票を獲得できたことには——、日本社会の現状を反映するそれなりに重要な理由があるので、それについては後に論ずることにしよう。

ともあれ、ここで確認しておきたいことは、「103万円の壁の引き上げ」は、所得の再分配の状態を少し変えるというタイプの政策であり、ゼロサムゲーム的に損得の分布だけを変更する政策だということだ。全員が恩恵を被るような政策ではない。

ついでに付け加えておけば、選挙が終わってからの国民民主党の議員たちの発言からわかることは、彼らは、「壁」を引き上げたことによって小さくなる税収を、どのように補うのか、別の財源をどこに求めるのかについては、何も考えていなかった、ということである。おそらく、公約が実際に現実のものになる（かもしれない）とは思っていなかったのだろう。

いずれにせよ、総選挙によって与党が過半数を割ったこと、国民民主党の党員数がかなり増えて、与党の「過半数割れ」の分を補うのにちょうどよいほどの数になったこと、とはいえ小党であることには違いないので、与党を構成する二つの党が主導権を奪われるかもしれないと恐れる必要はない等の事情が重なり、国民民主党は、実際には、もっと圧倒的に大勝した野党第一党の立憲民主党よりはるかに大きな存在感を発揮している。立憲民主党と国民民主党で、どちらが有力野党なのか、わからないような状況だ。

そうした流れの中で、今述べたように、国民民主党の最大の公約、「103万円の壁の引き上げ」が実現されるかもしれない……という情勢になってきた。この公約が、実際にはどのようなかたちで実現されるのか、「壁」はどこまで引き上げられるのか、それは未定だが、いずれにせよ、どのように実現するかの検討材料になっている。それは、この公約に、直接の政策につながりうる具体性があったからである。「日本人を皆、豊かにします」というようなぼんやりとした抽象論であったら、こうした展開にはなりえなかった。

＊

今、どうして、「103万円の壁」に注目しているのか。先に述べたように、これは、2024年10月の日本の衆議院議員選挙の中で出てきた、それなりに具体性のある提言の中で、最も大胆なものであった。この事実を踏まえた上で、日本の総選挙を、アメリカの大統領選挙をひとつの尺度のようなものに使って、評価してみたらどうか。

「最も大胆」と言っても、それは、トランプ的な極端を選ぶような大胆さ――というか無謀さ――はない。国民民主党は大胆さを装い、彼らが唱える178万円に近づけようと粘るだろうが、仮にその水準が実現したとしても、「壁の引き上げ」は、ハリス的な「可能なもの」の範囲に収まることである。これは、カマラ・ハリスの生活支援と同じようなタイプの、再分配の微調整にかかわる政策だ（製薬会社ばかりが儲かるのは問題なので、患者の負担を減らす等）。こうした政策には、経済的な利害の対立がかかわる。誰かが利益を得るが、誰かが損失を被る。とはいえ、そうした利害は相対的なものなので、最終的には妥協点、均衡点を見出すことができる。つまり、最後には誰もが受け入れ可能だという水準を見出すだろう。

簡単に言えば、日本の選挙は、アメリカ大統領選挙を鏡にして捉えたとき、「カマラ・ハリス的な陣営しかない選挙」ということになる。つまり、トランプ的な人物や政党がなく、ハリス的な陣営の中での争いであるような選挙。これが日本の衆議院議員選挙だった、ということになる。

トランプのような政治家、トランプのような雰囲気をもつ政党や政治集団がいた方がよかった……というわけではないことは確かだ。日本には、トランプ的な政治家や政党が出てこなくてよかった、ということにはなるだろう。

だが、「ものすごくよかった」と言えるかどうかは疑問である。アメリカ人は、ハリス的な中庸、非政治的な可能なものの範囲には、適切な「解」がないと判断した。ゆえに、トランプを選んだ。トランプは「正解」……どころか、「大誤答」である可能性の方が圧倒的に高い。日本人は「大誤答」に向かわずに済んではいるわけだが、もしかすると、ひとつも「正解」のない選択肢の中から、答えを選ぶほかない状況にあるのかもしれない。

＊1　https://apnews.com/projects/election-results-2024/votecast/, https://www.pbs.org/newshour/show/exploring-why-more-latinos-voted-for-trump-and-what-it-means-for-future-elections

＊2　https://edition.cnn.com/2024/11/06/economy/economy-trump-reelection/index.html

2　ふしぎなトランプ支持

反体制運動のノリで

2024年のアメリカ大統領選挙でトランプが勝利した。この勝利が意味することは何なのか？　前節より考えている。

トランプ支持者の、変則的な態度を見ることから考察を続けていこう。彼らは、政府を転覆する反体制運動のノリで、トランプに従っている。ごく普通の、もちろん政府も公認している合法的な選挙の中での戦いを、反体制運動であるかのように遂行するのは、一種の「倒錯」と言わざるをえない。しかし、「気分は過激な反体制運動」なのだ。こうした気分は、民主党（カマラ・ハリス）の支持者には見られないものだが、それは、現職大統領が民主党で、民主党が与党だったからではない。逆に言えば、トランプ支持者は、トランプが大統領だったときにも同じような態度を維持していたのであり、おそらく、トランプが大統領に復帰した後も、それを継続するだろう。

トランプ支持者にこのような感覚があるということをよく示しているのは、4年前（2021年1月6日）の議事堂襲撃事件である。このときには、トランプは選挙に敗北したのであった。しかし、およそ800人のトランプ支持者は結果を受け入れず、「選挙に不正があった」として、議事堂に乱入した。「各州選挙人による投票」の結果の認定を阻止しようとしたのだ。

これに似た光景を、私たちはこれまでも何度か目撃してきた。独裁的な政府に対して、市民たちが立ち上がって、政府機関とか、大統領府とか、議事堂とかを襲うのだ。しかし、私たちが見聞きしてきた実例は、「右」と「左」の関係が、4年前の合衆国の議事堂襲撃事件とは異なっている。普通は、右翼の独裁政権や軍事政権があって、左翼の市民派が抵抗し、政権の転覆を図る。しかし、合衆国で起きたことは逆である。議事堂に乱入したのは、右翼的な傾向のある人々であり、攻撃のターゲットになったのは左翼の政治家（民主党員）だ。そして、左翼の方が、議事堂の中にいて、「警察を呼べ！」と叫んでいたのであった。普通だったら、右翼の政権が、警察や軍隊を使って左翼の市民運動家を弾圧するものなのだが……。

ここからわかることは、トランプ支持者は、これまでの常識や伝統では、左翼の反体制運動家がもっていたのと同じような感覚をもち、左翼の運動家と同じような態度をとっているということだ。それにしても、２０２０年大統領選挙における、トランプとその支持者の主張「選挙が盗まれた」は、奇妙なものだと言わざるをえない。私たちは確かに、多くの非民主的な政権のもとで、選挙が歪められ、公正性が失われていることを知っている。票の数え方に不正が入ることもある。が、不正を行うのは一般に、権力の頂点にいる者、そのとき政権を担っている陣営である。しかし、２０２０年の大統領選挙では、トランプ自身が大統領であり、アメリカの政治権力の頂点にいた。政権を担っているときでも、トランプとその支持者は「反体制」側に立っている気分なのだ。

客観的に見れば、トランプ支持者は、右翼のポピュリストのリーダーに従属している。しかし、それは、彼らの主観的な体験としては、過激な反体制運動である。

嘲笑すればするほど……

トランプに関して最も驚くべきこと、それは、彼がたくさんの恥ずべきスキャンダル、道徳的に不適切な発言、わいせつな行為、フェイクニュースを信じてしまう無知等々の、多くの欠点にまみれているのに、まったく支持を失わなかったということである。普通の政治家だったら、それらのうちのどれかひとつでもあったら、確実に失脚していただろう。ところが、トランプにとっては、それらのスキャンダルや下品な言動は失点にはつながらない。トランプへの支持率は下がらず、彼の人気は衰えなかった。

リベラルな知識人やコメンテーターを苛立《いらだ》たせたのは、まさにこの点である。彼らは、トランプが愚かな失言をするたびに、あるいはトランプの犯罪的な言動が発覚するたびに、これを批判し、嘲笑した。これでトランプもおしまいだ、といった含みをもって、である。ところが、トランプは、そうした批判や嘲笑でダメージを受けない。いや、それどころか、非難され、笑いものにされることで、トランプ人気はむしろ高まっているようにすら見える。トランプへの批判や嘲笑は逆効果であった。

＊

ついでに、この文脈で日本の選挙も一瞥しておこう。アメリカの大統領選挙のすぐ後に、日本では、兵庫県知事選挙があった。この選挙で起きたことは、トランプを当選へと導いたアメリカ大統領選挙と似たところがある。

この知事選挙は、知事だった斎藤元彦氏が、県議会の不信任決議によって失職したことで実施された。斎藤氏自身も立候補し、勝利することで、県知事にすぐに復帰したのは周知の通りである。

斎藤氏に対して議会が不信任を突きつけたのは、彼に関して、パワーハラスメント等の疑惑があったからである。その詳細な経緯をここで再確認する必要はない。ともかく、斎藤氏のパワハラ疑惑は、マスメディアを通じて広く報道され、彼は、日本中から激しく非難された。政治家に対するバッシングとして、あれほど激しいものはめずらしい。表立って彼を擁護する者はほとんどいなかった。文字通りの四面楚歌《そか》の状況で、兵庫県の内外を問わずほとんど味方はいない……ように見えた。議会の不信任決議が全会一致だったこと、選挙期間中には、兵庫県内の大半の市長が連帯して対立候補の稲村和美氏の支持を公然と表明したこと、こうした展開が、斎藤氏の孤立無援ぶりをよく示している。議会も市長たちも、いわば「空気」を読んだのである。

しかし、斎藤氏は選挙に勝利した。これに関して、一般に、パワハラ疑惑があった「にもかかわらず」、そして激しくバッシングを受けた「にもかかわらず」、斎藤氏は勝った、と言われる。だが、そのように言うべきではない。パワハラ疑惑やそれに対するバッシングと、斎藤氏の知事選勝利との関係はおそらく、逆接ではなく順接である。つまり、彼は、パワハラの疑惑があったがゆえに、その件に関して激しく批判されていたがゆえに、選挙に勝利することができたのだ。そのように考えなければ、選挙前の評判の圧倒的な悪さと選挙での勝利という事実との間の関係を整合的に理解することはできない。

アメリカ大統領選挙で作用していたのと同じような因果関係が働いていたのだ。トランプは多くのスキャンダラスな言動のゆえに、さらにそれらに対するリベラルな知識人による嘲笑のゆえに、ますます人気が出て、支持率も高まった。同様なことが、兵庫県知事選挙で起きたと考えればよい。*1

もっとも、斎藤氏は、トランプのようにあえて下品にふるまったりはしないし、これ見よがしに顰蹙《ひんしゅく》を買うような発言をしたりはしない。少なくとも公衆の面前では、彼はクレバーで、道徳的な人物に見えるようにふるまっている。だから斎藤氏のイメージは、トランプとはだいぶ違う、と思うかもしれない。だが、斎藤氏を応援した「NHKから国民を守る党」の立花孝志氏のことも考慮に入れたらどうだろうか。立花氏は、知事選に自らわざわざ立候補して、斎藤氏を（勝手に）支援した——自分ではなく斎藤氏に投票するように呼びかけた。立花氏の言動は「品行方正」とはほど遠い。斎藤氏への支持は立花氏への支持でもあった——多くの有権者が立花氏を経由して斎藤氏への支持にまわった。この事実を勘案して、斎藤氏と立花氏を足し合わせたらどうなるか。両者を混合すると全体として、スケールの小さいトランプ、ミニトランプのようなものが得られるだろう。

＊

どうしてこんなことが生ずるのか。俗悪な言動や恥ずかしい失敗があってもトランプ支持が衰えないのはどうしてなのか？　それどころか、そうした欠点への非難や嘲笑がかえって、トランプの人気や支持を高めるのはなぜなのか？

まず、気づくべきは次の事実である。人々は――トランプ支持者は――、トランプの欠点、トランプの否定的な性質にこそ同一化し、愛着しているということ、これである。他者の否定的な側面に同一化したり、愛情を感じたり、ということは、実のところ、それほどめずらしいことではない。たとえば「ダメンズ」のような欠点だらけの人物を好きになる人、というケースを思い起こすとよい。

トランプを支持したアメリカ人たちは、トランプのダメなところ、彼の否定的な側面にこそ同一化しているのだ。するとどうなるのか。トランプを非難したり、嘲笑したりすると、人々は、自分たちがバカにされているような気持ちになるだろう。だから、トランプを貶《おとし》めようとするリベラルなコメンテーターの発言は、かえって反発を呼び、トランプへの支持を高めることになった（民主党への支持を低下させることになった）。

あるいは次のような効果も生ずる。トランプがあからさまに、（リベラルな人の）顰蹙を買うようにふるまい、公然と不適切な言葉を遣って発言すると、トランプを支持する人々は強く思うはずだ。トランプは私たち（の仲間）だ、と。言い換えれば、トランプの下品な言動は、有権者に対して、自分があなた方の味方であるということを示す強いメッセージとして機能したのである。

リベラルな知識人や批評家の中には、ときに、トランプ支持者の「苦境」に理解を示す人がいる。これは、トランプ支持者に寄り添っているようでいて、最悪の態度である。ラストベルトの労働者は職を失い、貧困のために苦しく……といった、パターナリスティックな「理解」は、共感や同情を装いながら、相手を見下している。トランプ支持者は、直接の批判以上に、この種の同情的な理解に、「自分たちは侮辱された」との思いをもつことになるだろう。

カマラ・ハリスの肯定的な性質、美点に同一化した人よりも、トランプの否定的な性質に同一化した人の方がやや多かった……ということではない。おそらく、ハリスの長所や美点に同一化した人は（ほとんど）いなかった。少なくとも、ハリスの態度や言動において表れた彼女のさまざまな属性は、トランプ支持者がトランプの否定的な性質に熱狂的に同一化したようには、支持者たちを惹きつけはしなかった。トランプの否定的な側面に惹きつけられた人とそれに反発を感じた人とがいただけである。中心はトランプ側にあり、ハリスの側は引力も斥力《せきりょく》も発してはいない。

だが、どうして、多くのアメリカ人が、トランプのあからさまな欠点に惹かれ、それに同一化したのだろうか？　先ほど人はしばしば、他者のネガティヴな側面を愛するものだ、と述べたが、しかし、長所や美点への同一化とは異なり、他者の否定的な性質への同一化に関しては、説明が必要だ。が、この点の説明の前に、トランプ支持の奇妙な構成を確認しておかなくてはならない。

トランプ支持の二つのタイプ

ここまで、「トランプ支持者」を一枚岩の集団のように論じてきた。しかし、トランプを支持する勢力、トランプ運動を構成する勢力を見ると、そこには明らかに矛盾する、二つの傾向が混在していることに気づく。

「アメリカ・ファースト」とか、「MAGA（Make America Great Again アメリカを再び偉大に）」といった標語が示しているように、トランプは外国人嫌いで、ファシストを連想させるナショナリストである。彼は移民の排斥や国外追放を叫び、移民によってアメリカ人の純血が脅かされているかのように主張する。トランプのこうした主張に、右翼的な傾向のあるポピュリストたちが共感し、賛同している。ここまでの論述の中で「トランプ支持者」という語で念頭に置いてきたのは、主として、この種のタイプの支持者たちである。

しかし、トランプ支持者の中には、このタイプに含めることがどうしてもできない勢力がある。電気自動車のテスラを起こし、X（旧Twitter）を買収した大富豪の実業家イーロン・マスク。マスクは、大統領選挙で、トランプを熱烈に応援し、巨額の寄付をした。今や、彼はトランプの最側近のひとりであり、政権の要職に就くことも決まっている。

マスクに代表されるテクノ・リバタリアンの多くがトランプを支持しているのだ。テクノ・リバタリアンとは、(たいてい)IT関連企業のエリートで、政府による規制や監視を最小化した市場の自由を強く擁護する者たちである。トランプ自身も、基本的にはリバタリアンである。LGBTQ+やジェンダーへの配慮等の道徳的な規制を外した市場の荒々しい競争は、トランプの好むところである。

マスクは、トランプ政権では、「政府効率化省(DOGE)」を率いることになっている。マスクが政府の効率化に熱心なのは、そしてこのポストが特に政権の要のひとつだとされているのは、彼らが基本的には政府の(市場への)介入が不要だと思っているからである。彼らは、政府の介入なき自由を強く支持しているのだ。

トランプ陣営に二つの勢力が共存している。ポピュリスト的なナショナリストとテクノ・リバタリアン。両者は似ているのか? 全然似ていない。それどころか、両者は正反対を向いていて、完全に対立してさえいる。

たとえばテクノ・リバタリアンは、能力主義者なので、有能な移民や外国人を大いに歓迎している。そもそもイーロン・マスク自身も、南アフリカからの移民である。これはもちろん、移民排斥を望むナショナリストたちにとっては、とうてい受け入れられないことである。実際、両者の対立は、顕在化しつつある。

マスクは、政権発足前から、H−1Bというタイプのビザの拡大を主張している。H−1Bビザは、技術者などの専門職に就く外国人のためのビザである。マスクとともに、政府効率化省を率いることになっていた起業家ヴィヴェック・ラマスワミも、これに賛同を表明している。[*2]しかし、ポピュリスト系のナショナリストにとっては、これはとんでもないことである。

テクノ・リバタリアンの代表がマスクだとすると、ナショナリスト系のトランプ支持者の代表は、政治戦略家のスティーブン・バノンだろう。バノンは、第一次トランプ政権の初期にはホワイトハウスの一員で、その後、政権の要職から離れたが、基本的には、トランプ支持者のひとりである。[*3]バノンは、マスクが打ち出そうとしている移民拡大策を厳しく批判し、マスクが南アフリカ生まれであることを口汚く揶揄《やゆ》している。マスクも負けておらず、なんと、外国人を雇わざるをえないのはアメリカ人がダメだからだ、とアメリカ人批判で応戦している。

ここで疑問に思うことは次のことである。過激なナショナリストとテクノ・リバタリアンは、このように本来は対立し、そのめざすところは正反対だと言ってもよい。両方の要求を完全に満たすことは、論理的に不可能だ。それなのに両者が、トランプのもとで共存できているのはどうしてなのか？　彼らが、これまでずっと互いの違いに気づかぬほどに

——今になってようやく違いを自覚し始めるほどに緊密に——連帯できているのは、どうしてなのか？　考察をもう少し続けよう。

＊1　だから、県議会で不信任が全会一致で決議されたこと、県内市長の大半が斎藤氏を公然と拒否したことは、皮肉にも斎藤氏をアシストしたのだ。

＊2　ラマスワミは、トランプ政権発足直前に2026年のオハイオ州知事選挙に立候補することになったため、結局、政府効率化省に参加しなかった。

＊3　スティーブン・バノンという人物はたいへん興味深い。通常の分類では、彼は典型的な右翼のポピュリストである。しかし、バノンはレーニン主義者だと自称する。つまり左翼の精神を継承しているというのが、彼の自己認識である。

3　ヨーロッパの〈自己〉否定としてのトランプ

「我々」労働者は包摂されているのか？

トランプ支持者には二つの異なる勢力、二つの傾向が共存している。過激なナショナリストとテクノ・リバタリアン。両者は出自を、つまり社会的背景を異にしているだけではない。はっきりと対立した意見をもち、互いに矛盾したことをめざしている。それなのに、彼らは、互いの間の差異に無頓着で、少なくとも選挙期間中にはほとんど自分たちの意見の違いを自覚することもなかった。いよいよ政権が発足しようという段階になって、初めて自分たちは対立しているらしい、ということに気づいている。

どうして、両者はかくも違いに鈍感でいられるのか？　なぜ両者は連帯できているのか？　両者は、「同じもの」に反発しているからである。「同じもの」とは何か？　民主党が代表しているリベラルなエリート、既成支配層《エスタブリッシュメント》である。リベラルな既成支配層は、（社会の）多様性を唱える。移民を積極的に受け入れ、LGBTQ＋を尊重し、誰にも公平に対応しよう、と主張する。そして多様な他者たちを包摂しよう、と訴える。いわゆるアイデンティティ・ポリティクスに基づく主張である。

それなのに——とトランプ支持者は思うのだ——、「我々」はどうなっているのか？「我々」は尊重され、包摂されているだろうか？　尊重などされていない。むしろバカにされている。既成支配層が享受している利益や特権や有意義な人生の輪から締め出され、排除されている。

原理的には、この「我々」の位置には誰もが入りうる。が、実際には、このような思いをもちやすい「我々」とは、容易に想像できるように、白人の中産階級の、比較的所得の低い層に属する者たちだろう。仕事がなかったり、あったとしても低賃金の不安定な仕事に過ぎなかったり……。

ごく簡単にしか解説しないが、これには、グローバル資本主義に内在する構造的な原因がある。第一に、ブランコ・ミラノヴィッチが発見した「エレファントカーヴ」が示しているように、現在の資本主義——サプライチェーン（ヴァリューチェーン）型のグローバリゼーションに基づく資本主義——は、1990年頃までの資本主義とは異なり、先進国の中産階級だけが所得が伸びない仕組みになっているのだ。[*1]ゆえに、先進国（アメリカ）だけを見れば、格差が急激に拡大する。

第二に、グローバル資本主義の実態は、実はすでに「資本主義」ですらなく、ヤニス・バルファキスが言うところの「テクノ封建制」に変貌しているとしたらどうか。[*2] テクノ封建制のもとでは、かつてのように労働が重視され、尊重されることはない。主たる価値の源泉はもはや労働ではないからだ。価値を生み出しているのは、アマゾンやグーグルのような巨大プラットフォームの上でのユーザーたちの活動である。そのことで、プラットフォームが、膨大な個人データを蓄積させた肥沃《ひよく》な「封建領土」のようなものになっている。かくして、プラットフォームの所有者である「クラウド領主」は、プラットフォーム上で商売することを望む多くの業者から「レント（一種の地代）」をとることができる。だから、労働そのものの評価は相対的に低く、賃金も上がりにくい。労働者・生産者であることに誇りをもつことが難しい社会になりつつあるのだ。

既成支配層の欺瞞

だが、ここで当然、ただちに疑問に思うだろう。トランプ支持者たちは、リベラルな既成支配層が多様性や包摂を訴えているのに、「我々」が排除され、尊重もされていないことに、怒りや不満を覚えるのだ、と述べたわけだが、そんなことを言うなら、イーロン・マスクなどエリートのテクノ・リバタリアンこそ、さらにトランプ自身も、既成支配層そのものではないか。なぜ、彼らは、トランプ支持者から嫌われないのか？

マスクらテクノ・リバタリアンがトランプ支持者から拒否されず、逆に歓迎されているのは、彼らには、民主党的・左派的なリベラルとは違って、偽善がない――かのようにトランプ支持者には見えている――からである。マスクたちは、多様性云々などと主張しない。マイノリティの優遇も言わない（優遇する気もない）。「多様性」や「包摂」を主張しているのに、「我々」を排除しているのは欺瞞的だが、テクノ・リバタリアンは、逆に、政治的公正性《ポリティカル・コレクトネス》（PC）の名のもとに当局が多様性や公正性や包摂を強制することを拒否している。そう、テクノ・リバタリアンが民主党的なリベラルと敵対しているのは、彼らが、市場の自由に対する政治的介入をできる限り拒否しようとしているからである。

ここで素朴な疑問を提起してみよう。民主党系のリベラルな陣営は、どうして、労働者を「包摂」してあげないのか？　実は、バイデン政権は、この点に関してかなりの努力をした。民主党は本来――ルーズベルト大統領以来――、労働者や労働組合の利害を代弁する政党だったのに、2016年大統領選挙の民主党候補ヒラリー・クリントンは、大都市部のエリート層の代表であると見なされ、労働者の票を失った。このことが、ヒラリーがトランプに敗れた主な原因だったと分析されてきた。そのためバイデンはことのほか熱心に労働者を支援し、労働者を取り込もうとさまざまな手を打った。自動車産業等の雇用も創出したし、労働組合をエンパワーするための法的措置をとった。[*3] バイデンは、アメリカ史上最も労組寄りの大統領だった、とまで言われた。彼は、ルーズベルト以来最も「社会主義」的なアメリカ大統領だっただろう。

しかし、2024年の選挙の結果は、バイデン政権下にあっても、労働者たちはアメリカ社会の中に包摂され、しかるべき敬意を払われたとは感じなかった、ということを示している。どうしてなのか？　彼らが包摂されていない——排除されている——と感じるのは、資本主義というゲームにおいて（相対的な）負け組とされたことにあるからだ。リベラルな既成支配層はもちろん、資本主義という枠組みそれ自体は積極的に受け入れている。そうである以上は、彼らにとって、資本主義そのものが「負け組」を生み出すことは甘受せざるをえない事実である。資本主義的な競争の結果として生ずる「勝ち／負け」は、資本主義の本質的な条件のひとつである能力主義に基づくものと解釈されるので、資本主義を肯定する者にとっては、「正当な差別」だからである。

そして、先ほどごくごく簡単に概略を述べたように、現代のグローバル資本主義（＝テクノ封建制）において、先進国の中産階級が最も「排除されている」との思いをもちやすい社会層だということになる。アメリカにおいてはとりわけ、中産階級の下層の労働者になるのか、それとも中産階級上層以上の高収入の職に就くことができるのかは、大学を卒業しているか否かに強く規定されている（大卒／非大卒の差別は、能力主義的に正当化される）。だから大卒の資格をもたない多数派は侮蔑され、冷遇され、排除されているという感覚をしばしばもつことになる。

トランプを支持した中間層の不遇感を規定しているのは、グローバル化した資本主義そのものに本質的に備わっている排除の働きである。そうだとすると、トランプを支持する二つの勢力の共存が含意している矛盾は、極限的なものだと言わざるをえない。なぜならテクノ・リバタリアンは、リベラルな既成支配層以上に端的に、この資本主義を肯定し、推進する者たちだからである。中間層の労働者たちは、自分たちの不遇な状況に最も責任ある元凶そのものを、味方とかんちがいして手を組んでいることになる。どうしてこんなまちがいを犯すことになったのか。彼らは、自分たちの不幸や不満の原因が現在の資本主義にあることが見えていないからであり、そして自分自身も資本主義の中での成功や栄光を夢見ているからである。

とりあえず、二つの勢力は、移民労働者に関して正反対のことを要求しているのであった。両方の要求を同時に十全に満たすことは不可能だ。トランプ政権は何とか妥協点を見出してごまかし続けるだろうが、長期的には――とりわけ下層の中産階級にとって――悲惨なことになるだろう。一方で、有能な移民は受け入れられ、エリート層はますます権力と富を大きくするだろう。他方で、低賃金のアメリカ人、排除されていると思ってきた「我々」は、（貧しい不法移民は追い出されるので）かつては不法移民がやっていた仕事をやらされ、ますます冷遇され排除されているという思いを強めることだろう。

寛容な社会の二つの極限

トランプは、伝統的な価値、保守的な道徳の擁護者だということになっている。実際、たとえばアメリカの伝統的な価値の継承者だとされているキリスト教福音派は、トランプの重要な支持母体のひとつである。トランプが大統領就任演説で口にした言葉の中で最も意外な語は、「コモンセンス」である。彼は、コモンセンスを継承し、守護する者として自己を提示しているし、かつ国民からもそのように見なされている。

しかし、他方で、トランプの公的なふるまいは道徳とはほど遠い。そのパフォーマンスは、保守的な価値観の中でよきものと見なされていることの正反対である。思いついたままにしゃべり、他人を口汚く罵《ののし》り、品位あるマナーのすべてを蹂躙している。隠れてなされていたこと——しかしすでに暴露されていること——までも含めれば、不品行の程度はますます高まっていく。その中には、セックススキャンダルや犯罪的なことも含まれる。

この両極性をどのように解釈したらよいのか？　これもまた、既成支配層の——つまり主流の——民主党的リベラルへの反発という文脈で説明できることである。しかし、ここにも逆説がある。

最初に気づかねばならないことは次のことだ。トランプを、単純にリベラルがめざしていた社会への「敵」として解釈すべきではない。「トランプ」なる人物は、むしろリベラルが指向しているものの極限に見出される像である。言い換えれば、リベラルが理想化している状態を極端化し、戯画化して表現すれば、「トランプ」という像が得られるのだ。どういうことか?

アメリカのリベラルが実現しようとしている社会は、寛容な社会である。かつては道徳的に望ましくないとされていたアイデンティティ——たとえば同性愛者やトランスジェンダー等々——も認められ、受け入れられる社会、かつてはタブー視されていた行動も、他者に危害を与えない限り、個人の自由の範囲として承認される社会。寛容であるということは、許容的だということだ。ところで、道徳の本性は「禁止」にある。許容性の拡大は、したがって、伝統的な道徳から離脱していくプロセスである。このプロセスを徹底的に推し進めたらどうなるか。「(ほとんど)すべての道徳的な禁止を平気で、恥ずかしげもなく公然と侵犯する人物」という像が得られるだろう。それこそがトランプである。トランプは、リベラルがめざしている許容的な社会の誇張された真実である。リベラルは、トランプを通じて「あなたが向かおうとしている先には、こんな人物がいるのですが、これでよろしいでしょうか?」と問われているようなものだ。

無論、リベラルとしては、こんな極限は受け入れられない。避けなくてはならない。しかし、そうするとリベラルは別のかたちの極限を、自己否定的な極限を得ることになる——すでにそのような極限に到達してしまっている。それが、「ウォーキズムWokism」と(右派から)揶揄されている潮流であり、また「キャンセル・カルチャー」と呼ばれている現象だ。「ウォークWoke」とは、「目覚めている人」という意味であり、現代日本の社会現象と対応させれば「意識高い系」と似たような含意をもつ語である。律儀な左派系の人々を嘲笑的に指し示す名詞だ。キャンセル・カルチャーは、リベラルにとっての社会正義、PC的な正義の基準にわずかでも反する言動をとった個人を排斥し、追放し、そして解雇したりする社会現象を指している。「キャンセル」という言葉が、その排斥の容赦なさを表現している。

キャンセル・カルチャーや過激なウォーキズムは、リベラルがめざす寛容な社会を厳格に追求したことから生ずる自己否定的な現象である。寛容に徹しようとすると、「寛容」を推進したり、維持したりするとされる行動や態度からの一切の逸脱が許容できないものに見えてくる。そうした逸脱を禁止し、逸脱者を排斥しなくてはならない。つまり寛容を律儀に追求した結果として、当初よりもはるかに不寛容な状態が出現する。あるいは包摂的な社会を極限まで追求した結果、逆に過酷な排斥をともなう状態が導かれる。

リベラルが求める寛容な社会、許容的な社会は二種類の極限をもつ。文字通りの過剰な寛容、道徳にこだわらない極端な許容性は、リベラルの外部に現れる（トランプ）。寛容の極限をリベラルの内部に押しとどめようとすると、今度は、極端な不寛容が得られる（キャンセル・カルチャーやウォーキズム）。

最も不品行な男が道徳の保守者になる仕組み

寛容で、多様なアイデンティティを公平に包摂する社会。非常に結構だ。が、この理念には、根本的な矛盾がある。少なくとも、現代の資本主義を前提にしてこの理念を十全に現実化しようとすると、寛容の追求が不寛容へと反転するのである。

ウォークによる批判のターゲットになりやすいのが、相対的に貧しい白人中産階級の労働者たちである。先に述べたように、彼らは、リベラルな既成支配層が、移民やジェンダーに関して多様性や包摂を訴えているのに、自分たちを尊重し、積極的に包摂しようとしていないことに不信感を抱いているからである。

リベラルの「多様性・公平性・包摂」といった理念に反発を覚えるのは、下層の白人労働者たちだけではない。ここまで述べてきたように、この理念は矛盾を内在させているので、これに疑問を覚えたり、うさんくさいものを感じたりするのは当然のことである。この理念への疑念は、「道徳の不在」に対する不安という形態をとる。先ほど述べたように、寛容な社会、許容的な社会という理念の極限には、一種の虚焦点《きょしょうてん》として、一切の道徳の効力が停止する状態、すべての道徳から解放された状態が待ち構えている。ある特定の道徳ではなく、道徳一般が無効になった世界……これは人に耐え難い不安を与える。

こうした不安を抱く者は、リベラルの理念に対してどのように対抗するのか。ごく素朴な戦略は、リベラルが唱える「寛容」や「許容」の中で消滅しかけている保守的な価値観、「古きよきコモンセンス」を称揚し、リベラルの理念に対置することだ。かつて――1980年代に――共和党の大統領の誕生に貢献した政治組織「道徳的多数派《モラルマジョリティ》」は、実際、そのような戦略をとった。が、今日の右派――リベラルな民主党に反対している右派――には、単純に、伝統的な道徳の復活や保守を訴える戦略はアピールしない。なぜならば、彼ら自身もすでに、伝統的な道徳の大半を恣意的なものに過ぎないと見なしており、それらが誰に対しても強制できるような妥当な規範ではないことを理解しているからだ。

個々の道徳や規範に関しては、もはや時代遅れのものに感じられる。しかし、リベラルが推進している「寛容な社会」のさらにその先に予感されている、道徳の真空地帯に対しては恐怖を感じる。このような心理状態にある保守派に対しては、どんな態度が魅力的なものとして現れるだろうか。許容的な社会へと向かうダイナミズム、民主党的なリベラルが成し遂げようとしていることをただ純粋に否定すること、これである。何か守るべき道徳を唱えるのではなく、「多様なものの寛容なる共存」を指向するリベラル派の実践に対して嘲笑的にふるまい、その価値を徹底的に貶める人物、つまりＰＣ的な「社会正義」の規定を蹂躙し、蔑《ないがし》ろにするような人物が、今日の保守派を惹きつけるはずだ。そのような人物こそ、ほかならぬトランプである。

かくして、一見奇妙なことが生ずる。ＰＣ的な品行方正さを意図的に侵犯し、徹底的に冒瀆的にふるまっている人物が、保守的な価値や伝統的な道徳を守る最後の砦《とりで》として現れるという逆説が、つまり一種の「対立物の一致」が生ずるのだ。

その上で、トランプは、道徳性の一般を代表するような論争的な主題に関してだけは、はっきりと保守的な道徳を支持する。たとえば、女性の人工妊娠中絶に関しては、――「プロライフ（胎児生命尊重）」の名目を使って――否定的な態度をとる。[*4] あるいは、ＬＧＢＴＱ＋を認めず、「男と女しかいない」と公言する。[*5] トランプは、性行動に関しても極端に奔放なので、こうした保守的な主張はちぐはぐな印象を与える。が、ここまで述べてきたように、トランプの支持者は、これを矛盾とは見ていない。

マスコミはマスコミゆえに拒絶された

ここでまた、少しだけ、日本の文脈に目を向けておこう。前節でアメリカ大統領選挙と日本の兵庫県知事選挙の間の類比的な関係について指摘しておいた。斎藤元彦氏（＋立花孝志氏）と対立候補の稲村和美氏の関係は、トランプとカマラ・ハリスの関係に等しい。兵庫県知事選挙の方がはるかに規模が小さいが、アメリカ大統領選挙と同じような（有権者たちの）心的機制が働いて、斎藤氏の勝利に帰結したと考えられる。稲村氏は、アメリカの民主党のような既成支配層のリベラルの代表者と見なされた。斎藤氏のパワハラ疑惑は、トランプの反ＰＣ的な行動と同じように機能し、斎藤氏の得票に対してポジティヴに作用した。

ところで、兵庫県知事選挙では、有権者が、新聞やテレビなどのマスコミよりもＳＮＳの情報に大きく影響されたということが、人々に——とりわけマスコミ関係者に——強い衝撃を与えた。マスコミは、パワハラ疑惑を批判的に報道し、（はっきりと明言はしていないが）斎藤氏の落選を予想していた——立候補しても知事に再選されることは絶対にないと予期していたのだ。ところが、斎藤氏が勝利した。この結果にＳＮＳの影響が効いたと考えられている。

どうして多くの有権者がマスコミよりもSNSを信用したのか？　なぜマスコミは、SNSほどには有権者に強い影響を与えられなかったのか？　マスコミが報道した情報の内容やマスコミの情報の伝え方に何か問題があったからではない。マスコミが——SNSに比して——拒絶されたのは、まさにマスコミだったからである……というのが私の仮説だ。マスコミは、SNSのユーザーから見れば、羨望《せんぼう》の対象でもある。初めから何の努力もせずに膨大な数の「フォロワー」がいる……に等しい状態にあるからである。SNSのユーザーにとっては、マスコミは、まさにマスコミであることにおいて既成支配層の一部である。マスコミが権力に対して批判的であったか、それぞれの新聞や放送局がどのようなイデオロギー的な立場にあったか、などということはまったく関係がない。たとえ政治権力に対して批判的であったとしても、マスコミは、SNSのユーザーから見れば既成支配層に属している。

トランプを支持したアメリカの有権者は、既成支配層のリベラルな主張、民主党的なリベラルの理念にうさんくさいものを感じた。私たちはその理由について、この節で見てきた。これと同種のうさんくささ、同種の不信感を、（多くの）兵庫県の有権者はマスコミに対して抱いたのである。

なぜ小児性愛なのか？

アメリカの話題に戻ろう。ここで、いわゆる「陰謀論」に少しばかり立ち入っておきたい。一部のトランプ支持者は、陰謀論を通じて状況を解釈し、トランプを応援しているからである。すべてのトランプ支持者が陰謀論を信じているわけではない。が、すぐ後に述べるように、陰謀論を唱えたり、受け入れたりしている人は決してごく少数というわけでもない。しかも、逆側は、つまり陰謀論を根拠にして民主党を支持している人はほとんどいない。陰謀論はトランプ支持と深く結びついた現象である。

トランプ自身はどうなのか。彼が公然と、極端な陰謀論――たとえばQアノンのそれのような――を語ることはないが、しかし自身を陰謀論的なコンテクストで支持している者がたくさんいることを理解しており、明らかにこれに便乗している。また、トランプやその側近も、陰謀論の中心的な観念「ディープステート（闇の政府）」にはしばしば言及してきた。自分たちは、ディープステートと闘っているのだ、と。ここで、「ディープステート」の直接的な指示対象は民主党政権や民主党のリベラルな指導者たち（オバマ、ヒラリー・クリントン、バイデン等）だが、それらが「ディープ（闇の）」と言われるのは、彼らがいわば二重性を帯びており、陰の見えないところであやしげな陰謀にコミットしていると見なされているからだ。イーロン・マスクの「政府効率化」もただの行政改革ではない。民主党政権がディープステートだったならば、多くの職員が陰謀にかかわっていたはずであり、そうした職員を見つけ出し、追放することが、政府効率化の（ひとつの）目的である。

どのくらいのアメリカ人が陰謀論を受け入れているのか？ ベネンソン・ストラテジー・グループが2022年10月に実施した意識調査によれば、「連邦政府が秘密結社（secret cabal）に支配されている」という見解に賛成だと答えた登録有権者の率は、なんと半数近く――44％――にもなる。共和党員に限定すれば過半数（53％）、民主党員に関してはこれよりもだいぶ少ないが、それでも3分の1を超える数（37％）の者たちが、この意見に同意している。[*6] ここで「秘密結社」という語をゆるやかに、「隠れてこそこそと不正を働いている連中」という程度にとればノーマルな認識に近づいてくるので、この数字をそのまま、陰謀論の信奉者の比率と解釈することはできないかもしれないが、きわめて多くの普通のアメリカ人が陰謀論に親和的な世界観をもっていることは確かである。

現在のアメリカで流通している陰謀論の中でも、最もインパクトのある陰謀論、その内容の豊かさという点でも、また人々の意識や行動に与えた影響力の大きさという点でも最も重要な陰謀論は、Qアノンの陰謀論であろう。[*7]「Q」と名乗る匿名の人物がインターネット掲示板「4ちゃん（4chan）」に最初にメッセージを投稿したのは、第一次のトランプ政権の最初の年（2017年）の10月である。もっとも、前年12月――トランプの当選は決まっているがまだ大統領には就任していないとき――に起きた「ピザゲート事件」の犯人は、明らかにQアノンの物語に準拠しているので、この陰謀論が発生したのは、最初のトランプ政権の発足の直前――おそらくはトランプとクリントンの選挙期間中――ではなかろうか。

Qアノンの物語は、さまざまなヴァリエーションがあってひとつに定まってはいないが、おおむね次のような設定を採用している。アメリカ＝世界を支配しているのは、リベラルなエリートたちである。すなわち、リベラルな政治家や大富豪たちだ。たとえばオバマ（黒人）、ヒラリー・クリントン（女性）、そしてジョージ・ソロス（ユダヤ人）等が世界を支配している。「世界の支配」ということで、具体的に彼らは何をやっているのか。彼らは大規模な地下トンネルを造って、そこに多数の子どもたちを閉じ込めているのだ。何のために？　子どもたちを性的に虐待したり、小児性愛の趣味をもつエリートたちに子どもを売ったり、あるいはこれら「地下トンネルの子どもたち」の体内から、若さを維持する効能をもつとされる「アドレノクロム」という物質を抽出したりするためである。[*8]

これらリベラルな支配者、つまり悪魔と闘い、その支配を終わらせようとしているのが、神からその使命を与えられたトランプだ……ということになっている。トランプはしばしば、「GEOTUS（合衆国の神＝皇帝：God-Emperor of the United States）」、あるいは「Q＋」（Qより強いという意味）などと呼ばれている。

どのくらいのアメリカ人が、このQアノンの物語を信じているのか？　アメリカの公共宗教研究所が2021年3月に実施した意識調査では、主要な国際機関をコントロールしているのは「世界的な児童性売買組織を運営する悪魔崇拝の小児性愛者」である、というQアノンの中核的なアイデアを正しいとしたのは、成人のおよそ15％である。連邦議会議事堂を襲撃した者たちの多くがQアノンの信奉者だったわけだが、この事件の直後に、アメリカン・エンタープライズ公共政策研究所が行った調査でも、ほぼ同じ比率の回答者が、トランプがハリウッドや民主党の小児性愛者との見えない戦争に関与しているという説を支持していた。この調査では、キリスト教福音派の信者に限れば、4人に1人よりも高い率（27％）の回答者が、Qアノンの主張はほぼ真実であると答えている。

要するに、最も過激な陰謀論であるQアノンのそれを支持しているアメリカ人は、決して少なくはない。意識調査によれば、およそ6〜7人に1人のアメリカの成人が、Qアノンの物語の大筋を事実と見なしている。典型的なQアノンの物語は、全体としては、「キリスト教」風の終末論的な枠組みの中にある。トランプと民主党のエリートとの闘いは、善と悪との間の最終戦争であり、トランプが勝てば、アメリカでは戦争も病気もない新たなキリスト紀元が始まる……とされている。

ところで、多くの人は——とりわけ日本人は——このQアノンの陰謀論に関して、疑問を抱くのではないか。どうして小児性愛なのか？　どうして最も悪いこととして小児性愛が選ばれているのか？　なるほど小児性愛は悪いことかもしれないが、どうしてそれが「究極の悪」としての地位に置かれているのか？　邪悪なリベラルは、小児を性的に凌《りょう》辱《じょく》するために世界で最も強力な政府（アメリカ政府）と主要な国際機関（国連、IMF、NATO等々）を牛耳ろうとしている……とのことだが、なぜそんなことのために、かくもめんどうでコストのかかることをしようとしているのか？

この疑問に関してだけ、私の仮説を述べておこう。それが、「道徳」に関して先に述べたことに対して傍証を与えることにもなるからだ。

＊

アメリカとヨーロッパでは、子どもに対する性的な虐待、子どもを性的な対象とすることが特別におぞましく悪いことであるという感覚が広く共有されている。子どもを凌辱することは、悪の中の悪、特権的な犯罪とされているのだ。この感覚が欧米では広く共有されているので、最も邪悪な人々が小児性愛にすべての力を注いでいるという物語も「然《さ》もありなん」と受け入れる。しかし、どうして小児性愛が特別に悪く、嫌悪すべきものと感じるのか？　その理由を当の欧米の人々も理解できてはいない。この感覚をもたらしているのは、次に述べるような無意識の心的な連関だからである。

私の考えでは、1960年代後半から始まる「性の解放」が背景にある。それまで道徳的に非難されていたようなさまざまな性的行動、倫理的に問題視されていた「倒錯」が、次々と、それぞれの個人の性的嗜好《しこう》のひとつとして許容されるようになった。性の領域における革命・解放は、先に述べた寛容な社会、許容的な社会へのトレンドの最も顕著な現れである。このトレンドの延長線上には、道徳の真空状態が待っていることが予感される。

子どもの性的なイノセンスは、極限の「道徳の真空状態」への到達を阻む最後の防御壁のようなものである。子どもまでも性的な快楽の対象としてもよいということになれば、性をめぐる規範、性的な道徳はもはやまったくないに等しい状況に至る。子どもだけは、性の解放が及んではならない場所になっているのだ。このことには、独特の心理的な効果がある。

たとえば、校則に反する行動をとっていたとしても、先生に見つからなければ、先生がそれを知らなければ、校則に反したことにはならない。悪いことをしていても、「神」の目がそれを認知しなければ、その悪は存在しないに等しいのであって、善なる秩序は保たれていることになる。ある行為が善であるか、悪であるかは現れで決まる。何に対する現れか？　特定の準拠となる視点（先生の目、神の目等）に対する現れである。「準拠となる」とは、私自身の用語を使って表現すれば、「第三者の審級がそこに投射されている」ということである。いずれにせよ、準拠となる視点（第三者の審級の視点）に対して現れていなければ、その「悪」は、社会的な実効性があるものとしては存在していない。そして、性に関する行動の領域では、子どもの目こそは、その「準拠となる視点」としての機能を担っているのだ。

したがって、子どもの無知（イノセンス）を想定できれば、つまり子どもが「それ」（さまざまな冒瀆的な性行動）を知らないはずだと仮定できれば、性をめぐる道徳の真空状態は回避できる。肝心な他者（この場合は子ども）が知らなければ、道徳は維持されていることになる。別の言い方をすれば、子どもの無知を想定することができるとき、性を安心して解放することができるのである。いくら冒瀆的・倒錯的なことがなされたとしても、性をめぐる道徳が最終的には崩壊しないことが保証されているからである。*9

だから——性をめぐる道徳の零度を回避したければ——子どもだけは、性的な行動の奔放さ、性の解放から隔離されていなければならない。子どものイノセンスを厳密に保たなくてはならない。だからこそ逆に、許容的な社会への道を推進しているように見えるリベラルに対して、不穏なものを感じている右派には、リベラルが、まさにこの「子どもの性的なイノセンス」を破壊しようとしている、と感じられるのだ。

オバマやヒラリー・クリントンという個人の公的に流通しているイメージは、「小児性愛」とはかけ離れている。小児性愛へと向かっているように感じさせているのは、彼らの個人的なイメージではなく、彼らに代表されているリベラルの理念と運動が孕む潜在的な含意である。そして道徳の最後の守護者であるトランプは、子どものイノセンスを維持するために闘っている……という物語になる。

ヨーロッパの否定

これから、トランプが4年間、アメリカの大統領を務める。トランプを支持しなかったリベラルが恐れていることは、その間にとんでもないことが起きる——第三次世界大戦が勃発したり、アメリカ経済が破綻したり……、ということではない。リベラルな知識人が最も恐れていることは、トランプ政権下でいろいろなことが、そこそこうまくいってしまうことではないか。進行中の二つの戦争が、いびつな形であってもとりあえず停戦に至るとか、アメリカ経済がまずまず好調に展開するとか……。

しかし、私たちが特に注目しなくてはならないことは、数年間程度の経済的な状況とか、個々の紛争の帰趨よりも、トランプが登場したことによって決定的になった思想的なトレンドである。就任から数週間程度の間にトランプが発した大統領令や彼の言動からだけでも、彼の政治がどこに向かっているかは明らかである。性は二つしかないと発言した。パリ協定から離脱して、逆に石油のさらなる掘削や活用をめざす「エネルギー緊急事態」を宣言した。移民の取り締まりや排除を含意するいくつもの政策を発表し、実行に移し始めた。世界保健機関（ＷＨＯ）から脱退し、国際協調を拒否する構えを示した。ガザ地区からパレスチナ人を追放し、そこをリゾート地に開発すると主張した……。

これらは、全体としてどこに向かっているのか。それは、西洋近代の最良の部分、啓蒙主義が見出した価値や理念の否定であろう。多文化主義、気候正義、ＬＧＢＴＱ＋、ジェンダーの平等等々の思想の多くは、直接的には、20世紀の終わりから21世紀にかけての時期に唱えられるようになった新しいものだが、それらを基礎づけている基本的な価値や理念は、ヨーロッパの啓蒙主義の時代（17〜18世紀）に見出されたものだ。多文化主義や気候正義等は、この時代に提起された人権、平等、自由等々の概念の発展や現代版だ。トランプの政策は、これらをすべて否定するものである。

トランプの大統領就任式には、マスクだけではなく、多くの巨大ＩＴ企業のトップが招かれていた。バルファキス的に言えば、彼らこそ、テクノ封建領主である。この光景が示しているように、トランプは、AIの開発などIT関連のビジネスを大々的に支援するつもりである。これもまた、西洋近代の理念的な産物の否定を促進する仕事になる。なぜか？　ミシェル・フーコーが、1966年に発表した『言葉と物』で、西洋近代（19世紀）の認識枠組み《エピステーメー》は、「人間」の概念を中心に置いて成り立っている、と論じた。フーコーは1960年代後半の段階で、人間主義の終焉を予言していたわけだが、AIの急速な発展とともに私たちが今立ち会っているのは、19世紀的な人間概念の崩壊の過程以外のなにものでもない。トランプのIT企業への肩入れは、この過程に棹《さお》さすものである。

＊

世紀単位の長いスパンで事態を捉えてみよう。20世紀は、まぎれもなくアメリカの時代だった。アメリカが台頭し、全世界に及ぶその力を確固たるものにしていく過程が20世紀であった。だが、アメリカが世界の中心たりえたのは、その前史があったからである。

前史とは19世紀のことだが、19世紀は、次の点で特別な時代であった。19世紀において人類は初めて、単一の中心をもったのだ。単一の中心とは、ヨーロッパのことである。19世紀において、ヨーロッパ人が建設した資本主義的帝国が地球の大半を獲得し、かつヨーロッパ人が自ら、ヨーロッパ外の三つの大陸に入植した。こうした領土・人口に関する事実よりも重要なのは、ヨーロッパが啓蒙主義の時代から育ててきた思考様式が、少なくとも理念という点では、グローバルに拡大していったということだ。

アメリカは、この「中心」としての地位をヨーロッパから継承した。アメリカは、ヨーロッパの発展であり、純化である。「純化」というのは、ヨーロッパは近代化されても、前近代の封建的遺制を完全には払拭《ふっしょく》できなかったが、アメリカは、近代の近代たるゆえんを、封建的遺制から切り離して継承しているからである。

そして21世紀に入り、トランプが二度、大統領に当選した。それは、今述べたように、ヨーロッパ近代の否定を含意している。アメリカはもともと、ヨーロッパ近代の純粋な継承者だったことを思うと、これは、全体としてはヨーロッパの自己否定である。実際、ヨーロッパ自体の中にも、トランプと連動するような右派の政治勢力が伸長しており、そのことを思えば、自己否定は、ヨーロッパ大陸の中に直接的にも現れている。

啓蒙の理念や価値は、もちろん、今後も私たちにとって保持すべきものであり、私たちの行動の方針をこれからも規定するものである。しかし、世紀単位の展開の果てに、自己否定へと導かれているのだとすれば、それらの理念・価値にはまだ何か、根本的な弱点、限界があると考えざるをえない。

ついでに付け加えておこう。私は前著で、プーチンのロシアのウクライナ侵攻は、ロシアの西洋に対するルサンチマンが関係している、と論じておいた。[*10] プーチンは外部から西洋を否定しようとしている。トランプは内部から西洋を否定しようとしている。プーチンとトランプはたまたま同時代に共存しているのではない。彼らの同時代性には理由がある。「ウクライナ（ヨーロッパ）vsロシア」の対立において、トランプは——外交政策的にではなく精神的に——プーチンの側にいる。

ならばどうすべきか？

ならばどうすべきなのか？　ヨーロッパの啓蒙主義が見出した価値や理念を放棄すべきではないと考える者たちは、どうすべきなのか？

2024年の大統領選挙の結果を見て、多くの人は気づいている。このままでは、民主党は今後、永遠に勝てないだろう、と。持ち札がアイデンティティ・ポリティクスしかない状態では、今後、民主党の大統領が生まれる見込みはない。トランプが引退すればチャンスがある、などと思ったら大まちがいである。トランプによって明確になった流れは、トランプほどには突出した個性がない政治家が引き継ぐだろう。

ならば、民主党はどうすべきなのか？　次のように問いを立ててみよう。トランプ支持者には、二つのタイプがある、と述べておいた。テクノ・リバタリアンと過激なナショナリスト。民主党が勝つためには、どちらかを自分たちの陣営に取り込むことができなくてはならない。どちらを取り込むべきなのか。一見、民主党のリベラルにとって、味方にしやすいのはテクノ・リバタリアンの方であるように思える。実際、今トランプにすりよっているテクノ・リバタリアンの多くが、少し前までは民主党の支持者だったのだから。それに対して、移民を嫌う自国中心主義は、リベラルの掲げる普遍主義からのイデオロギー的な距離があまりに大きいように感じられる。

だが、民主党が諦めずに働きかけ、味方にしなくてはならないのは、ナショナリストの方である。なぜか？　彼らのナショナリズムは直接的なものではなく、二次的な反作用の産物だからだ。彼らは、いきなり不合理で過剰な自国への愛着をもってしまったがゆえに、移民を嫌っているわけではない。彼らのナショナリズムは、グローバルな資本主義の中で彼らが排除され、自尊心を維持できるだけのポジションを得られなかったことに対する（誤った）反作用として形成されたものである。[*11]今、ナショナリズムに走っているような人たちを取り込むことができなければ、民主党は今後、絶対に勝つことはできないだろう。

この点を念頭に置いた上で、選挙期間中に、トランプがカマラ・ハリスに差し向けた批判を思い起こしてみよう。トランプは、ハリスのことを「ただの社会主義者を超えたコミュニストだ！」と非難した。アメリカでは、「コミュニスト」はこれ以上ないひどい悪口だ。

ハリスは、躍起になって否定していた。自分は断じてコミュニストではない、と。確かに、アメリカの民主党は、他の国の社会民主主義のレベルにも達していないので、これをコミュニズムと見なすのは、明白な誤りである。

が、ここで今度は反対方向の批判のことを思い返してみよう。民主党支持者たちは、トランプに対して悪口雑言を浴びせた。トランプはうろたえることなく、平然と無数の悪口雑言を受け止めたではないか（もちろん、その非難が実際に当たっているからであるが）。そして、彼は、その悪口雑言を糧にしてむしろ支持者を増やしさえした（前節参照）。

そうだとすれば、「コミュニスト」と言われたくらいで狼狽している民主党は、それだけで負けている。民主党側も、「悪口」を平然と受け止め、「コミュニストと呼びたいなら勝手にそう呼べ」と言えなくてはならない。無論、そのように構えることができるためには、実質が必要だ。つまり、わざわざ自分から「コミュニスト」を名乗る必要もないし、ましてや冷戦時代の社会主義体制のようなものをめざすべきではないが、敵の目にはコミュニズムに見えるくらいに、資本主義を相対化する政策と理念を掲げなくてはならない。

＊

では日本はどうすべきか？ ここまでの考察から日本のなすべきことに関して、具体的なことを導くことはできない。ごく大まかな方針についてだけ、述べておこう。

日本はもちろん、ヨーロッパではない。が、西洋の啓蒙主義に由来する価値や理念にコミットする者ではある。だから、プーチンのように、外からヨーロッパを否定することなど論外である。だが、トランプに媚《こび》を売っていても、ヨーロッパの内側からの否定の手助けをするだけだ。ならば、どうするのが正解だろうか。

トランプを反面教師としてみよう。トランプの二つの代表的な標語、〝MAGA（Make America Great Again アメリカを再び偉大に）〟と〝America First〟は、同じ意味だと思われているし、本人もそのつもりで使っている。しかし、よく考えてみよ。両者は意味が異なるだけではなく、完全に対立する。

なるほどアメリカは偉大である。いろいろと文句を言われてはいるが、それでも、世界で最も偉大な国として扱われている。日本もアメリカを偉大な国と見なしている。が、アメリカが特別に偉大なのは、アメリカが自国のためだけ、で行動していないからである。アメリカは、ずばぬけて「自国第一」性が乏しい国である。アメリカの他国へのお節介は、しばしば迷惑であり、倫理的にも、また認識の上でもまちがっていることが多い。が、それでも、アメリカは侵略のために他国に介入しているわけではないし、自国の利益だけを目的として他国に関与しているわけではない。一応は、他国のためで（も）あるし、実際にも他国に（ある程度は）役立っている。もしアメリカが、〝America First〟で行動するならば、アメリカの特権的な偉大さは失われる。アメリカも普通の国になる、ということである。

このことを踏まえて言おう。トランプが最初に当選した後、日本ではトランプをまねして「……ファースト」が流行《はや》った。しかし日本がなすべきことは、〝Japan First〟ではない。ここに〝M〟と〝G〟とを挿入した、〝MJGF（Make Japan Great First 日本を初めて偉大に）〟である。

＊1　ブランコ・ミラノヴィッチ『大不平等――エレファントカーブが予測する未来』立木勝訳、みすず書房、2017年。

＊2　ヤニス・バルファキス『テクノ封建制』関美和訳、集英社、2025年。

＊3　バイデン政権時（2023年8月）に、アメリカ財務省から出された次の長文の報告を参照。https://home.treasury.gov/system/files/136/Labor-Unions-And-The-Middle-Class.pdf

＊4　選挙期間中にトランプは、中絶の規制は、全米一律ではなく州レベルでなされるべきだと主張したが、自らが任命した最高裁判事がロー対ウェイド判決を覆したことを誇るなど、彼が女性の中絶の権利に対

して否定的なことは明らかである。

＊5　トランプの大統領就任演説。

＊6　https://www.washingtontimes.com/news/2022/nov/6/nearly-half-voters-think-secret-cabal-controls-gov/

＊7　以下、Qアノンに関する事実は、主として次の諸文献に基づく。ウィル・ソマー『Qアノンの正体――陰謀論が世界を揺るがす』西川美樹訳、河出書房新社、2023年。マイク・ロスチャイルド『陰謀論はなぜ生まれるのか――Qアノンとソーシャルメディア』烏谷昌幸・昇亜美子訳、慶應義塾大学出版会、2024年。橘玲「トランプ氏を熱狂的に支持した『Qアノン』たちは、どのように誕生し、アメリカ社会にどんな影響を与えたのか？」2024年6月13日（https://diamond.jp/articles/-/345258）。

＊8　前段で言及した「ピザゲート事件」とは、「ヒラリー・クリントンの選挙関係者がワシントンのピザ店の地下室で児童に対する性的虐待や人身売買を行っている」という話を事実と見なした男がライフル銃をもってピザ店に押し入り、店内の壁等を銃撃した事件である。

＊9　1960年代後半からの「性の革命」の理論的な根拠は、フロイトにあった。ヴィルヘルム・ライヒ等を媒介にして、フロイトが解釈され、性の解放の推進者たちの行動が正当化されたのだ。だが、この際、フロイトの理論のひとつの要素だけが（ほとんど）無視された。無視されたのは、幼児性欲の理論である。フロイトは子どもにも性欲があり、中心的な性感帯が発達に応じて段階的に変化すると主張していた

（口唇期、肛門期等）。性の解放がフロイトに依拠していたのに、どうして幼児性欲の理論だけ取り入れなかったのか。その答えは、本文に書いたことにある。性の解放にとっては、幼児に性欲があっては困るのだ。

＊10 大澤真幸『この世界の問い方』。

＊11 この点を説明する上で、アーリー・ラッセル・ホックシールドが『壁の向こうの住人たち——アメリカの右派を覆う怒りと嘆き』（布施由紀子訳、岩波書店、2018年）で論じていることが役に立つ。ホックシールドによると、トランプを支持するタイプの、ラストベルトの白人労働者は次のようなストーリーで、自分の現状を解釈している。自分たちはほかのアメリカ人とともに、アメリカン・ドリームに終着するような長い列に並んでいる。自分は十分にまじめにがんばってきたのだが、列はあまりに長く、ちっとも前に進まない。こんなに努力をしているのにおかしいな、と思って、ずっと先の方を見ると、割り込みをしている奴がいる。それがヒスパニック系だったり、黒人だったり、女性だったりする（つまりリベラルが応援している「マイノリティ」の人たちだ）。あいつらのせいで自分は前に進まなかったのだと思った白人労働者は、移民の排斥を訴えるナショナリストになる……。このストーリーの中で、「自分の前の方に移民等が割り込みをしている」というのは実は錯覚である。移民や黒人も列に加えられたかもしれないが、彼らが入ったのは、白人労働者よりもさらに後方である。それなのに、自分よりも前に割り込んでいると感じられるのは、列がまったく前に進まないからだ。列が前に進まず、白人労働者の

位置がいつまでも変わらない真の原因は、現代のグローバルな資本主義（あるいはテクノ封建制）の構造にある。

大澤真幸　おおさわ・まさち
1958年長野県生まれ。社会学者。東京大学大学院社会学研究科博士課程修了。社会学博士。千葉大学文学部助教授、京都大学大学院人間・環境学研究科教授を歴任。2007年『ナショナリズムの由来』で毎日出版文化賞、2015年『自由という牢獄』で河合隼雄学芸賞を受賞。近著に「〈世界史〉の哲学」シリーズ、『新世紀のコミュニズムへ』『この世界の問い方』『資本主義の〈その先〉へ』『私の先生』『我々の死者と未来の他者』『逆説の古典』など。

朝日新書
1000
西洋近代《せいようきんだい》の罪《つみ》
自由・平等・民主主義はこのまま敗北するのか

2025年4月30日第1刷発行
2025年6月20日第2刷発行

著　者　大澤真幸
発行者　宇都宮健太朗
カバーデザイン　アンスガー・フォルマー　田嶋佳子
印刷所　TOPPANクロレ株式会社
発行所　朝日新聞出版
〒104-8011　東京都中央区築地5-3-2
電話　03-5541-8832（編集）
　　　03-5540-7793（販売）

Published in Japan by Asahi Shimbun Publications Inc.
ISBN 978-4-02-295313-1
定価はカバーに表示してあります。
落丁・乱丁の場合は弊社業務部(電話03-5540-7800)へご連絡ください。
送料弊社負担にてお取り替えいたします。